Negligência emocional

JONICE WEBB, PhD
com CHRISTINE MUSELLO

Negligência emocional

Como curar as feridas da infância e melhorar sua relação com o mundo e com você mesmo

Tradução
Beatriz Medina

Rio de Janeiro, 2024

Copyright © 2014 Jonice Webb, PhD.
Copyright da tradução © 2024 por Casa dos Livros Editora LTDA.
Todos os direitos reservados.

Título original: *Running on Empty*

Todos os direitos desta publicação são reservados à Casa dos Livros Editora LTDA. Nenhuma parte desta obra pode ser apropriada e estocada em sistema de banco de dados ou processo similar, em qualquer forma ou meio, seja eletrônico, de fotocópia, gravação etc., sem a permissão do detentor do copyright.

COPIDESQUE	*Elisabete Franczak Branco*
REVISÃO	*Laila Guilherme e Juliana da Costa*
CAPA E PROJETO GRÁFICO	*Renata Vidal*
DIAGRAMAÇÃO	*Abreu's System*

Dados Internacionais de Catalogação na Publicação (CIP)
(Câmara Brasileira do Livro, SP, Brasil)

Webb, Jonice
    Negligência emocional : como curar as feridas da infância e melhorar sua relação com o mundo e com você mesmo / Jonice Webb; [tradução Beatriz Medina]. – 1. ed. – Rio de Janeiro : HarperCollins Brasil, 2024.

    Título original: Running on empty.
    ISBN 978-65-5511-547-5

    1. Emoções – Aspectos psicológicos 2. Inteligência emocional 3. Trauma psíquico 4. Trauma psíquico – Tratamento I. Musello, Christine. II. Título.

CDD-616.8521
NLM-WM-170

24-200581

Índice para catálogo sistemático:
1. Trauma psíquico : Tratamento alternativo :
Medicina   616.8521
Aline Graziele Benitez – Bibliotecária – CRB-1/3129

HarperCollins Brasil é uma marca licenciada à Casa dos Livros Editora Ltda.
Todos os direitos reservados à Casa dos Livros Editora LTDA.

Rua da Quitanda, 86, sala 601A - Centro,
Rio de Janeiro/RJ - CEP 20091-005
Tel.: (21) 3175-1030
www.harpercollins.com.br

Dedicado a meus clientes

SUMÁRIO

PREFÁCIO	11
INTRODUÇÃO	13
QUESTIONÁRIO DE NEGLIGÊNCIA EMOCIONAL	19

PARTE 1: DE TANQUE VAZIO

CAPÍTULO 1

POR QUE NÃO ENCHERAM O TANQUE?	23
Os pais comuns e saudáveis em ação	26

CAPÍTULO 2

DOZE MANEIRAS DE ESVAZIAR SEU TANQUE	35
Tipo 1: Pais narcisistas	36
Tipo 2: Pais autoritários	41
Tipo 3: Pais permissivos	48
Tipo 4: Pais enlutados: divorciados ou viúvos	54
Tipo 5: Pais viciados	60
Tipo 6: Pais deprimidos	66
Tipo 7: Pais viciados em trabalho	70
Tipo 8: Pais que cuidam de alguém na família com necessidades especiais	75
Tipo 9: Pais concentrados em perfeição/realizações	79
Tipo 10: Pais sociopatas	85
Tipo 11: Filhos como pais	91
Tipo 12: Pais bem-intencionados, mas negligenciados	95

PARTE 2: SEM COMBUSTÍVEL

CAPÍTULO 3
A CRIANÇA NEGLIGENCIADA JÁ ADULTA   101
1. Sentimento de vazio   103
2. Contradependência   109
3. Autoavaliação não realista   112
4. Sem compaixão por si, muita pelos outros   117
5. Culpa e vergonha: o que há de errado comigo?   120
6. Raiva e culpa autodirecionadas   123
7. A Falha Fatal (se me conhecessem de verdade,
ninguém gostaria de mim)   125
8. Dificuldade de acolher a si e aos outros   128
9. Pouca autodisciplina   131
10. Alexitimia   135

CAPÍTULO 4
SEGREDOS COGNITIVOS: O PROBLEMA ESPECIAL
DOS SENTIMENTOS SUICIDAS   141

PARTE 3: COMO ENCHER O TANQUE

CAPÍTULO 5
COMO OCORRE A MUDANÇA   155
Fatores que atrapalham o sucesso da mudança   156

CAPÍTULO 6
POR QUE OS SENTIMENTOS SÃO IMPORTANTES E
O QUE FAZER COM ELES   159
1. Entender o propósito e o valor das emoções   159
2. Identificar e dar nome aos sentimentos   162
3. Aprender a automonitorar os sentimentos   163

4. Aceitar e confiar nos próprios sentimentos 167

5. Aprender a expressar sentimentos com eficácia 170

6. Reconhecer, entender e valorizar as emoções nos
relacionamentos 173

CAPÍTULO 7

AUTOCUIDADO 181

Parte 1 do Autocuidado: Aprenda a se acolher 183

Parte 2 do Autocuidado: Melhore a autodisciplina 211

Parte 3 do Autocuidado: Console-se 216

Parte 4 do Autocuidado: Tenha compaixão por si 222

CAPÍTULO 8

FIM DO CICLO: DAR A SEUS FILHOS O QUE VOCÊ NUNCA RECEBEU 228

1. A culpa parental 229

2. As mudanças feitas até agora 231

3. Identifique seus desafios específicos como pai ou mãe 232

CAPÍTULO 9

FARA O TERAPEUTA 250

Pesquisa 252

Identificação da negligência emocional 257

Tratamento 263

Resumo para o terapeuta 271

Conclusão 271

RECURSOS PARA A RECUPERAÇÃO 273

AGRADECIMENTOS 284

REFERÊNCIAS 286

PREFÁCIO

Escrever este livro foi uma das experiências mais fascinantes de minha vida. Conforme ficava cada vez mais claro e definido em minha cabeça, o conceito de Negligência Emocional mudou não só meu modo de praticar a psicologia, mas também a maneira como eu via o mundo. Passei a ver negligência emocional em toda parte: no modo como eu criava meus filhos ou tratava meu marido, no shopping e até nos *reality shows*. Percebi que pensava com frequência que seria uma ajuda enorme a todos tomar consciência dessa força invisível que nos afeta.

Depois de observar que esse conceito se transformou num aspecto fundamental de meu trabalho durante vários anos e me tornar plenamente convencida de seu valor, finalmente o dividi com minha colega, dra. Christine Musello. Christine reagiu com compreensão imediata e, assim como eu, logo começou a ver negligência emocional na prática clínica e em toda parte. Juntas, começamos a trabalhar para delinear e definir o fenômeno. A dra. Musello foi de muita ajuda no processo inicial de pôr em palavras o conceito de negligência emocional. O fato de ser tão prontamente capaz de adotar o conceito e achá-lo muito útil me incentivou a avançar.

Embora não pudesse continuar escrevendo este livro comigo, a dra. Musello foi um apoio útil no começo do processo de escrita. Ela redigiu algumas das primeiras seções do livro e várias das histórias clínicas. Portanto, é com prazer que reconheço sua contribuição.

INTRODUÇÃO

Do que você se recorda da sua infância? Quase todos se lembram de coisas aqui e ali, uns mais, outros menos. Talvez você tenha lembranças positivas, como férias em família, professores, amigos, acampamentos de verão ou prêmios acadêmicos, e outras negativas, como conflitos familiares, rivalidade entre irmãos, problemas na escola ou até algum evento triste ou perturbador. *Negligência emocional* não trata desse tipo de lembrança. Na verdade, não trata de nada de que você se lembre, nem de nada que aconteceu na infância. Este livro foi escrito para ajudar você a ter consciência do que *não aconteceu* na infância, aquilo de que você *não se recorda*. Porque *o que não aconteceu* tem tanto ou mais poder sobre quem você se tornou quando adulto do que qualquer um desses eventos de que você se lembra. *Negligência emocional* vai lhe apresentar as consequências do que não aconteceu: uma força invisível que talvez atue em sua vida. Ajudarei você a determinar se foi afetado por essa força invisível e, caso tenha sido, a superá-la.

Muitas pessoas boas, capazes e de alto rendimento se sentem secretamente desconectadas ou não realizadas. "Eu não deveria ser mais feliz?", "Por que não conquistei mais?", "Por que minha vida não tem muito significado?" Em geral, essas perguntas são provocadas pela ação da força invisível. São feitas por pessoas que acreditam que seus pais eram amorosos e bem-intencionados, que se lembram de uma infância geralmente feliz e saudável. Portanto, culpam a si mesmas pelo que não parece certo quando adultas. Não percebem que estão sob a influência do que não se recordam... da força invisível.

Agora, você provavelmente gostaria de saber *o que é essa Força Invisível*. Fique tranquilo; não é nada assustador. Ela não é sobrenatural, nem mediúnica, nem fantasmagórica. Na verdade, é algo humano e comuníssimo que *não acontece* em lares e famílias do mundo inteiro todos os dias. Mas não percebemos que existe, nem que tem importância ou impacto sobre nós. Não temos um nome para ela. Não pensamos nela, não falamos dela. Não podemos vê-la, só sentir. E, quando sentimos, não sabemos o que sentimos.

Neste livro, finalmente vou dar nome a essa força. Eu a chamo de Negligência Emocional. Não confunda com abandono físico. Vejamos o que realmente é a negligência emocional.

Todos conhecem a palavra "negligência". É uma palavra comum. Sua definição no dicionário Merriam-Webster é "dar pouca atenção ou respeito, desdenhar; deixar no abandono, principalmente por descuido".

"Negligência" é uma palavra de uso bastante comum por profissionais de saúde mental nos serviços de assistência social. É comum usá-la para se referir a uma pessoa dependente, como uma criança ou um idoso, cujas necessidades *físicas* não são satisfeitas. Por exemplo, a criança que vai à escola sem casaco no inverno, a idosa presa em casa a quem a filha adulta "esquece" com frequência de levar mantimentos.

A negligência *emocional* pura é invisível. Pode ser sutilíssima e raramente tem algum sinal visível ou físico. Na verdade, muitas crianças *emocionalmente* negligenciadas receberam excelentes cuidados físicos. Muitas vêm de famílias que parecem ideais. É improvável que as pessoas para quem escrevo este livro sejam identificadas como negligenciadas por algum sinal externo ou, de fato, por qualquer razão.

Então, por que escrever um livro? Afinal de contas, se o tema da negligência emocional ficou todo esse tempo sem ser notado por pesquisadores e profissionais, será que é mesmo incapacitante? Na verdade, as pessoas que sofrem de negligência emocional sentem dor. Mas não conseguem descobrir por quê. Com muita frequência, nem os terapeutas que as tratam conseguem. Ao escrever este livro, identifico, defino e sugiro soluções para uma luta oculta que muitas vezes trava os sofredores e até os profissionais a quem eles às vezes recorrem em busca de ajuda. Minha meta é auxiliar essas pessoas que sofrem em silêncio, sem saber o que há de errado.

Há uma boa explicação para a negligência emocional ser tão ignorada. *Ela se esconde.* Ela habita o pecado da omissão, e não o da incumbência; é o espaço em branco da foto da família, não a foto em si. Em geral, é o que NÃO foi dito, observado nem lembrado na infância em vez do que FOI dito.

Por exemplo, os pais podem oferecer um lar adorável, com muita roupa e comida, e nunca agredir nem maltratar os filhos. Mas esses mesmos pais talvez não percebam que os filhos adolescentes usam drogas ou simplesmente lhes deem liberdade em excesso em vez de estabelecer os limites que causariam conflitos. Quando se tornam adultos, esses adolescentes recordam a infância "ideal", sem perceber que os pais falharam no que eles mais precisavam. Podem se culpar pelas dificuldades advindas das más escolhas da adolescência. "Eu era uma peste"; "Tive uma infância tão boa e não há desculpa para eu não ter conseguido mais na vida." Como terapeuta, ouvi essas frases muitas vezes, de pessoas de alto rendimento maravilhosas que não sabem que a negligência emocional foi uma força invisível e poderosa em sua infância. Esse é apenas um exemplo de como os pais podem negligenciar emocionalmente os filhos de uma infinidade de maneiras e deixá-los de tanque vazio.

"Esta música é dedicada a nossos pais sob a forma de um apelo à supervisão mais adequada."

Aqui, eu gostaria de inserir uma ressalva importantíssima: *todos* temos exemplos em que nossos pais nos frustraram. Nenhum pai ou mãe é perfeito, nenhuma infância é perfeita. Sabemos que a imensa maioria dos pais se esforça para fazer o melhor pelos filhos. Nós que somos pais sabemos que, quando cometemos erros na criação dos nossos filhos, quase sempre conseguimos corrigi-los. Este livro não pretende jogar a culpa nos pais, nem os levar a se sentir um fracasso. Na verdade, ao longo do livro inteiro, você lerá sobre muitos pais amorosos e bem-intencionados que, mesmo assim, negligenciaram emocionalmente os filhos em aspectos fundamentais. Muitos pais emocionalmente negligentes são boas pessoas e bons pais, mas também foram emocionalmente negligenciados quando crianças. *Todos* os pais cometem atos ocasionais de negligência emocional na criação dos filhos sem causar nenhum dano real. Isso só vira um problema quando acontece em quantidade ou duração suficiente para, aos poucos, "matar de fome" os filhos.

Qualquer que seja o nível de fracasso parental, as pessoas emocionalmente negligenciadas se veem como o problema, em vez de enxergarem que os pais falharam com elas.

No decorrer do livro, incluo muitos exemplos ou histórias tiradas da vida de meus pacientes e de outras pessoas que lutaram contra a tristeza, a ansiedade ou o vazio na vida, para os quais não têm palavras e não encontram muita explicação. Com muita frequência, essas pessoas emocionalmente negligenciadas sabem dar o que os outros querem ou precisam, sabem o que se espera delas na maioria dos ambientes sociais, mas são incapazes de rotular e descrever o que está errado em sua experiência interna da vida e como isso as prejudica.

Isso não é dizer que os adultos emocionalmente negligenciados quando crianças não tenham sintomas observáveis. Mas esses sintomas, que talvez os levem à porta do psicoterapeuta, sempre se disfarçam de outra coisa: depressão, problemas conjugais, ansiedade, raiva. Os adultos que sofreram negligência emocional rotulam sua infelicidade de maneira errada e tendem a sentir vergonha de pedir ajuda. Como não aprenderam a identificar nem a entrar em contato com suas verdadeiras necessidades emocionais, para os terapeutas é difícil mantê-los em tratamento por tempo suficiente para ajudá-los a se entenderem melhor. Portanto, este livro não se destina apenas para os emocionalmente negligenciados, mas também para os profissionais de saúde mental que precisam de ferramentas para combater a falta crônica de compaixão por si mesmos que pode sabotar o melhor dos tratamentos.

Se você se dispôs a ler *Negligência emocional* porque procura respostas aos sentimentos de vazio e falta de realização, ou por ser um profissional de saúde mental que deseja ajudar pacientes "empacados", este livro oferece soluções concretas para feridas invisíveis.

Aqui, usei muitas histórias para ilustrar vários aspectos da negligência emocional na infância e na idade adulta. Todas elas se baseiam em casos reais da prática clínica, minha ou da dra. Musello. No entanto, para proteger a privacidade dos clientes, nomes, detalhes e fatos identificadores foram alterados; assim, nenhuma história descreve uma pessoa real, viva ou morta. A exceção são as que envolvem Zeke, que aparecem nos Capítulos 1 e 2. Essas vinhetas foram criadas para ilustrar de que modo os diversos estilos de criação dos filhos afetam o mesmo menino e são puramente fictícias.

QUESTIONÁRIO DE NEGLIGÊNCIA EMOCIONAL

Está se perguntando se este livro é para você? Responda ao questionário para descobrir. Marque as frases que para você são um **SIM**.

Você:

☐ Às vezes, acha que não faz parte da família nem do grupo de amigos.

☐ Orgulha-se de não depender dos outros.

☐ Tem dificuldade de pedir ajuda.

☐ Tem amigos e parentes que reclamam que você é indiferente ou distante.

☐ Sente que não atingiu seu potencial na vida.

☐ Em geral, só quer ficar em paz no seu canto.

☐ Sente secretamente que talvez seja uma fraude.

☐ Tende a se sentir pouco à vontade em situações sociais.

☐ Quase sempre sente-se desapontado ou zangado consigo mesmo.

☐ É mais severo com você mesmo do que com os outros.

☐ Compara-se aos outros e, em geral, sente-se muito abaixo deles.

☐ Acha mais fácil amar animais do que pessoas.

☐ Com frequência, sente-se irritado ou infeliz sem razão aparente.

☐ Tem dificuldade de saber o que está sentindo.

☐ Tem dificuldade de identificar seus pontos fortes e fracos.

☐ Às vezes, sente-se como se estivesse no lado de fora olhando para dentro.

☐ Acredita que é uma daquelas pessoas que facilmente viveriam como eremitas.

☐ Tem dificuldade de se acalmar.

☐ Acha que algo o impede de estar no momento presente.

☐ Às vezes, sente-se vazio por dentro.

☐ Sente secretamente que há algo errado com você.

☐ Tem dificuldade com a autodisciplina.

Agora, examine as frases que você marcou com SIM. Essas respostas são uma janela para você observar as áreas em que pode ter sofrido negligência emocional quando criança.

PARTE 1
DE TANQUE VAZIO

1

POR QUE NÃO ENCHERAM O TANQUE?

"Estou tentando chamar atenção para a contribuição imensa para o indivíduo e a sociedade que a boa mãe comum, com o apoio do marido, dá no início, o que ela consegue *simplesmente por se dedicar ao bebê*."

D. W. Winnicott, *A criança e o seu mundo* (1964)

Não é preciso um guru, um santo nem, graças a Deus, um doutor em psicologia para criar um filho que se tornará um adulto feliz e saudável. O psiquiatra, pesquisador, escritor e psicanalista especializado em crianças Donald Winnicott enfatizou essa questão, geralmente em textos publicados no decorrer de quarenta anos. Embora hoje reconheçamos que os pais têm a mesma importância no desenvolvimento da criança, o significado das observações de Winnicott sobre a mãe ainda é essencialmente o mesmo: há um volume *mínimo* necessário de conexão emocional, empatia e atenção constante dos pais para alimentar o crescimento e o desenvolvimento da criança, de modo que ela se torne um adulto emocionalmente saudável e conectado. Com um volume abaixo do mínimo, a criança se torna um adulto com dificuldades emocionais – com sucesso externo, talvez, mas vazio, com algo faltando onde o mundo não pode ver: seu interior.

Em seus textos, Winnicott cunhou a conhecida expressão "mãe suficientemente boa" para descrever aquela que satisfaz as necessidades dos filhos dessa maneira. Criar filhos de forma "suficientemente boa" assume muitas formas, mas todas elas reconhecem a necessidade física e emocional da criança a cada momento, em cada cultura, e faz um serviço "suficientemente bom" ao satisfazê-la. A maioria dos pais é suficientemente boa. Como todos os animais, nós, seres humanos, somos biologicamente programados para criar os filhos para darem certo. Mas o que acontece quando as circunstâncias da vida interferem na função parental? Ou quando os próprios pais não são saudáveis ou têm falhas de caráter importantes?

Você foi criado por pais "suficientemente bons"? No fim deste capítulo, você saberá o que isso significa e poderá responder a essa pergunta.

MAS ANTES...

Se você, além de leitor, for pai ou mãe, talvez se identifique com os *fracassos* parentais apresentados neste livro e com a experiência emocional do filho nas histórias (porque, sem dúvida, você é duro consigo mesmo). Portanto, peço que preste muita atenção aos seguintes alertas:

Primeiro

Todos os bons pais às vezes falham emocionalmente com os filhos. Ninguém é perfeito. Todos ficamos cansados, irritados, estressados, distraídos, entediados, confusos, desconectados, sobrecarregados ou, de algum modo, prejudicados aqui e ali. Isso não nos qualifica como pais emocionalmente negligentes. Os pais emocionalmente negligentes se distinguem de uma dessas maneiras, muitas vezes em ambas: ou falham emocionalmente com os filhos de um modo importante num momento de crise e causam na criança uma ferida que talvez nunca se feche (fracasso empático agudo) OU são cronicamente omissos a algum aspecto da necessidade da criança durante todo o seu desenvolvimento (fracasso empático crônico). Todo pai ou mãe do planeta consegue recordar um fracasso parental que cause vergonha, em que ele ou ela sabe que falhou com os filhos. Mas o dano vem da soma dos momentos importantes nos quais os pais emocionalmente negligentes são omissos e indiferentes para a necessidade emocional da criança em crescimento.

Segundo

Se você foi mesmo emocionalmente negligenciado e tem filhos, há uma boa probabilidade de que, ao ler este livro, comece a ver de que maneira passou para seus filhos a tocha da negligência emocional. Se assim for, é importantíssimo que você perceba que *a culpa não é sua*. Por ser invisível, insidiosa e facilmente transmissível de uma geração a outra, é dificílimo e extremamente improvável evitar a negligência emocional, a não ser que você tome consciência explícita dela. Por ler este livro, você está anos-luz à frente de seus pais. Tem a oportunidade de mudar o padrão e vai aproveitá-la. O efeito da negligência emocional pode ser revertido. E você está prestes a aprender a reverter esses padrões parentais, em si mesmo e em seus filhos. Continue lendo. *Culpar a si mesmo não é permitido.*

OS PAIS COMUNS E SAUDÁVEIS EM AÇÃO

É mais fácil entender a importância da emoção na criação saudável dos filhos por meio da teoria do apego. Essa teoria descreve o modo como nossa necessidade emocional de segurança e conexão é satisfeita pelos pais desde a infância. Várias maneiras de examinar o comportamento humano brotaram da teoria do apego, mas a maioria deve seu raciocínio ao teórico original do apego, o psiquiatra John Bowlby. Seu entendimento da ligação pais-filhos vem de milhares de horas de observação de pais e filhos, começando com mães e bebês. Bem resumidamente, ele diz que, quando o pai ou a mãe reconhece e satisfaz as necessidades emocionais dos filhos na primeira infância, o "apego seguro" se forma e se mantém. Esse primeiro apego é a base da autoimagem positiva e da noção geral de bem-estar durante a infância e a idade adulta.

Quando olhamos a saúde emocional pela lente da teoria do apego, identificamos três habilidades emocionais essenciais nos pais:

1. Os pais **sentem uma conexão emocional** com os filhos.

2. Os pais **prestam atenção** ao filho e o veem como uma pessoa única e separada, em vez de, digamos, uma extensão, posse ou fardo seu.

3. Com essa **conexão emocional** e **prestando atenção**, os pais **reagem com competência** à **necessidade emocional** da criança.

Embora pareçam simples, quando combinadas, essas habilidades são uma ferramenta poderosa para ajudar a criança a conhecer e controlar sua própria natureza para criar um laço emocional seguro que a leve até a idade adulta e permita-lhe enfrentar o mundo com saúde emocional para obter uma vida feliz. Em resumo, quando atentos à natureza emocional única dos filhos, os pais criam adultos emocionalmente fortes. Alguns pais conseguem isso de forma intuitiva; outros podem aprender essa habilidade. Seja como for, a criança não será negligenciada.

———— ZEKE ————

Zeke é um menino precoce e hiperativo. Está no terceiro ano e é o mais novo dos três filhos de uma família tranquila e amorosa. Ultimamente, ele tem tido problemas na escola por "responder". Um dia desses, ele leva para casa um bilhete da professora que descreveu sua infração assim: "Hoje, Zeke foi desrespeitoso". A mãe se senta com ele e pergunta o que aconteceu. Com voz exasperada, ele lhe diz que, na fila do recreio, a sra. Rollo mandou que parasse de equilibrar o lápis no dedo com a ponta para cima porque poderia "espetar o rosto". Ele franziu a testa e respondeu dizendo à sra. Rollo que ele teria de curvar "o corpo toooooo-do sobre o lápis, assim" (demonstrando), para espetar o rosto e que ele não era "burro desse jeito". Em resposta, a sra. Rollo confiscou o lápis, escreveu seu nome no quadro e enviou o bilhete para a mãe assinar.

Antes de descrever o que a mãe de Zeke realmente respondeu, vamos descobrir o que ele precisa receber da interação mãe-filho: ele está aborrecido com o incidente com a professora, de quem em geral ele gosta, e precisa de empatia; por outro lado, também precisa aprender o que os professores esperam dele para ter sucesso na escola. Finalmente, seria bom se a mãe notasse (atenção emocional) que, ultimamente, ele está muito sensível a "ser tratado como um bebê", porque o irmão e a irmã mais velhos sempre o deixam de fora por causa da idade. Para ajudar o filho com esse problema, a mãe de Zeke precisa destas três habilidades: sentir conexão, prestar atenção e reagir com competência.

Veja como foi a conversa entre mãe e filho:

> *Mãe: "A sra. Rollo não entendeu que você ficou <u>com vergonha</u> por ela ter pensado que você seria burro a ponto de furar o olho com o lápis. Mas, quando um professor lhe pedir que pare de fazer alguma coisa, a razão não importa. Cabe a você parar."*
>
> *Zeke: "Eu sei! Estava tentando dizer isso a ela, mas ela não quis escutar!"*
>
> *Mãe: "É, eu sei que você fica <u>frustrado</u> quando os outros não o deixam falar. A sra. Rollo não sabe que você tem aguentado seu irmão e sua irmã, que ultimamente não querem lhe dar ouvidos."*
>
> *Zeke relaxa um pouco em resposta à compreensão da mãe.*
>
> *"É, fiquei muito <u>frustrado</u>, e aí ela tirou meu lápis."*
>
> *Mãe: "Deve ter sido difícil para você. Mas, veja, a turma da sra. Rollo é muito grande, e ela não tem tempo para conversar do jeito que estamos conversando agora. É **muito** importante que, <u>quando algum adulto na escola lhe pedir alguma coisa, você faça na hora</u>. Vai tentar fazer o que lhe pedirem sem retrucar, Zeke?"*
>
> *Zeke: "Vou, mãe."*

> *Mãe: "Ótimo! Se fizer o que a sra. Rollo pede, você não terá mais problemas. Depois, pode voltar para casa e se queixar conosco se achar que foi injusto. Tudo bem. Mas, como aluno, respeito significa cooperar com os pedidos da professora."*

As respostas intuitivas dessa mãe na conversa acima nos dão um exemplo complexo da criação saudável e emocionalmente afinada que leva aos adultos saudáveis e felizes que Winnicott descreve. O que ela fez exatamente?

- Primeiro, ela se conectou emocionalmente com o filho ao lhe pedir que contasse o que tinha acontecido *antes* de reagir. Sem causar vergonha.
- Depois, ela ouviu com atenção. Quando falou, mostrou uma regra simples que uma criança de 8 anos é capaz de entender: "Quando a professora lhe pedir alguma coisa, faça na mesma hora". Aqui, a mãe de Zeke está instintivamente sintonizada com o estágio de desenvolvimento cognitivo do filho e lhe dá uma regra geral para usar na escola.
- Imediatamente depois da regra, ela continua com empatia e *dá nome* ao sentimento (*"A sra. Rollo não entendeu que você ficou* **com vergonha**..."). Quando ouviu a mãe dar nome ao sentimento, Zeke conseguiu exprimir mais emoção à mãe (*"Eu sei! Eu estava tentando dizer isso a ela, mas ela não quis escutar!"*).
- Mais uma vez, a mãe responde dando nome ou rótulo à emoção que causou o comportamento rude de Zeke com a professora, o comportamento de contradizê-la que foi considerado desrespeitoso (*"É, eu sei que você fica* **frustrado** *quando os outros não o deixam falar..."*).

- Zeke se sente compreendido e responde repetindo o nome da emoção para si mesmo: "*É, fiquei muito **frustrado**, e aí ela tirou meu lápis*".
- Mas a mãe ainda não acabou. Nessa conversa, ela demonstrou a Zeke que o entende e sente seu sofrimento ao deixar claro que vê seu comportamento de forma diferente da professora. No entanto, ela não pode parar por aí, porque a tendência dele a debater (resultado provável de ter dois irmãos mais velhos muito verbais) *continuará* a ser um problema para Zeke na escola, a não ser que o menino consiga corrigi-la. Assim, a mãe diz: "*É muito importante que, quando algum adulto na escola pedir alguma coisa, você faça na hora*".
- Finalmente, ela torna o filho responsável por seu comportamento e prepara a cena para futuras conferências de sua natureza geniosa ao lhe pedir: "*Vai tentar fazer o que lhe pedirem sem retrucar, Zeke?*".

Numa conversa que parece simples, a mãe de Zeke evitou envergonhá-lo por um erro e deu nome a seus sentimentos, criando o aprendizado emocional que permitirá ao garotinho identificar por conta própria seus sentimentos futuros. Também lhe deu apoio emocional, uma regra social e pediu que fosse responsável por obedecer. E, no caso de Zeke repetir o comportamento na escola, ela ajustará a mensagem e as ações para se adaptar à dificuldade que ele enfrenta na sala de aula.

Lembre-se de Zeke, porque vou usá-lo muitas outras vezes para descrever as diferenças entre a criação saudável de filhos e a emocionalmente negligente.

Veja outro exemplo:

─── **KATHLEEN** ───

Frequentemente, a negligência emocional danosa é tão sutil na vida da criança que, embora entre em cena todos os dias, mal é observável e muitas vezes se disfarça como um tipo de consideração e até de indulgência.

Kathleen é uma moça recém-casada e bem-sucedida que ganha um ótimo salário como secretária executiva de uma pequena startup de alta tecnologia. Convenceu o marido a comprar com ela uma casa na cidade onde os pais dela moram. Mas sabia que, como revelou na terapia, a mãe a deixava maluca. Kathleen não entendia sua própria decisão. Reconheceu que a mãe sempre exigia muita atenção dela e que, por mais atenção que lhe desse, sentia-se culpada em relação à mãe. Na época em que começou a terapia, no ápice do sucesso e da felicidade — casa nova, marido novo, ótimo emprego —, Kathleen se sentia inexplicavelmente deprimida. Esse sentimento lhe causava vergonha e perplexidade, pois "não havia razão para isso". O que se segue é um bom exemplo de como a negligência emocional se esconde: não no que aconteceu, mas no que *não aconteceu*.

> *Voltemos vinte e cinco anos. Kathleen, aos 5 anos, está sentada na praia, construindo alegremente castelos de areia com o pai. Filha única de um jovem casal bem-sucedido, morando numa casa recém-restaurada da Nova Inglaterra, é comum lhe dizerem que ela tem muita sorte. O pai é engenheiro; a mãe voltou a estudar e é professora do ensino fundamental. Viajar para lugares exóticos e aprender etiqueta fazem parte da vida de Kathleen. A mãe de Kathleen costura muito bem e faz suas roupas. É comum mãe e filha usarem roupas iguais.*

Passam muito tempo juntas. Mas agora, nas férias, ela saiu da cadeira de praia igual à da mãe e se afastou dela. Por quê? Porque o pai acabou de chamá-la para brincar. Ela tem a rara e prazerosa oportunidade de fazer algo especial com o pai. Eles cavam um buraco e amontoam a areia para fazer o primeiro andar do castelo.

Dali a algum tempo, a mãe ergue os olhos do livro e, do alto de sua cadeira de praia, diz com voz severa: "Chega de brincar com o papai, Kathleen. Seu pai não quer passar todo o dia de folga brincando! Venha cá e eu leio para você". Pai e filha erguem os olhos do buraco, as pazinhas de plástico paradas. Há uma breve pausa. Então, o pai se levanta, como se também tivesse de obedecer, e espana a areia dos joelhos. Kathleen fica triste com o fim da brincadeira, mas também se sente egoísta. A mãe cuida bem dos dois, e Kathleen não deve cansar o pai. Obediente, ela vai até sua cadeirinha de praia igual à da mãe e se senta. A mãe começa a ler para ela. Dali a algum tempo, enquanto escuta a história, a decepção de Kathleen passa.

Na terapia, Kathleen contou essa lembrança quando explicava a relação distante que sempre teve com o pai. Mas, quando chegou à parte em que o pai se levantou e espanou a areia dos joelhos, os olhos dela se encheram de lágrimas. "Não sei por que essa imagem me deixa tão triste", disse ela. Pedi que se concentrasse na tristeza e pensasse no que mais a mãe ou o pai fizeram de diferente naquele dia. Naquele momento, Kathleen começou a ver que, com frequência, *os dois* pais falhavam com ela. Não foi difícil imaginar o que ela gostaria que fosse diferente naquele dia. Ela só queria continuar cavando aquele buraco com o pai.

Se a mãe fosse emocionalmente sintonizada com Kathleen:

> *A mãe ergue os olhos do livro enquanto eles brincam e, do alto de sua cadeira de praia, diz com um sorriso: "Uau, que buracão vocês dois estão cavando! Querem que eu lhes mostre como fazer um castelo de areia?".*

Ou

Se o pai fosse emocionalmente sintonizado:

> *A mãe ergue os olhos do livro e, do alto de sua cadeira de praia, diz com voz severa: "Chega de brincar com o papai, Kathleen. Seu pai não quer passar todo o dia de folga brincando! Venha cá e eu leio para você". Pai e filha erguem os olhos. Há uma breve pausa. O pai dá um grande sorriso, primeiro para a esposa, depois para Kathleen. "Está falando sério? Não há coisa melhor do que brincar com minha menina na praia! Quer nos ajudar a cavar, Margaret?"*

O que é importante notar nessas duas "correções" é que estão na faixa de habilidades parentais comuns e naturais. Conversas como essas acontecem o tempo todo. Mas, quando há ausência de validação da importância da criança para o pai ou a mãe, se a criança for levada a sentir vergonha por querer ou precisar da atenção de um dos dois com bastante frequência, *ela vai crescer indiferente a muitas de suas próprias necessidades emocionais*. Felizmente, a Kathleen adulta percebeu que havia uma boa razão para a raiva que sentia da mãe. Ela viu que, escondida durante todos aqueles anos nos bastidores da relação mãe/filha, estava a falta de sintonia emocional da mãe com ela. Quando reconheceu que sua raiva era legítima, Kathleen se sentiu menos culpada. Percebeu que não havia problema em parar de atender à mãe e fazer o que fosse melhor para si e o marido.

Uma porta também se abriu para Kathleen entender as limitações da mãe e tentar consertar o relacionamento.

Outro fator importante da situação de Kathleen é que os pais não cometeram nenhum grande crime parental. Seu "erro" é tão sutil que, provavelmente, nenhum deles tinha a mínima consciência de que algo prejudicial estava acontecendo com a filha. Na verdade, provavelmente eles só viviam os padrões que receberam na infância. Este é o perigo da negligência emocional: pessoas perfeitamente boas que amam os filhos e fazem o melhor que podem, enquanto lhes transmitem padrões acidentais, invisíveis e potencialmente prejudiciais. Neste livro, o objetivo não é culpar os pais, e sim entendê-los e saber como nos afetaram.

Agora que você tem uma noção da diferença entre criação saudável e negligente dos filhos, vamos examinar os tipos específicos de pais negligentes. Enquanto lê o próximo capítulo, veja se reconhece seus pais entre eles.

2

DOZE MANEIRAS DE ESVAZIAR SEU TANQUE

Para os pais, há um número infinito de maneiras de falhar emocionalmente com os filhos. São tantas que seria impossível incluir todas neste livro. O que podemos fazer é dar uma olhada nas categorias mais pertinentes de pais. Leia isso com a compreensão de que seus pais podem ter características de um tipo combinadas às de outro. Mesmo que julgue ter reconhecido seus pais depois de ler o primeiro tipo, é útil ler o capítulo até o fim. É plenamente possível que, depois de já ter identificado seus pais como Tipo 5, você veja no Tipo 9 algo que vivenciou, por exemplo. Todos esses exemplos existem para serem combinados, embora a maioria dos pais se encaixe predominantemente em um dos tipos.

Guardei a maior categoria para o final: os pais bem-intencionados, mas que foram negligenciados. Essa categoria fala dos muitíssimos pais que falham emocionalmente com os filhos, mas com a melhor das intenções. Eles só pensam no bem dos filhos. Amam os filhos de forma genuína e verdadeira. Só não sabem dar a eles o que precisam. Se, depois de ler do tipo 1 ao 11, nenhum lhe parecer correto, é bem possível que você tenha sido criado por pais bem-intencionados, mas que foram negligenciados.

TIPO 1: PAIS NARCISISTAS

Talvez você conheça o mito grego de Narciso, de onde vem a palavra "narcisista". No mito, Narciso era um rapaz belíssimo cuja aparência ofuscava a quem o conhecia. Muitos o elogiavam e se apaixonavam por ele, mas o rapaz era tão vaidoso que rejeitava todos. Ninguém era bom o bastante para ele! Finalmente, Narciso viu seu reflexo num lago e se apaixonou por ele. Incapaz de se afastar da própria imagem, ele definhou ou se suicidou, dependendo da versão do mito.

Os narcisistas são bem parecidos com o xará. Na maior parte do tempo andam cheios de superioridade, confiança e carisma. Mas às vezes os narcisistas reconhecem que essa sensação de serem superiores aos outros é uma ilusão. Assim, são atraídos por indícios que confirmem essa sensação de superioridade e evitam interações e relacionamentos que provem o contrário. Quando algo ou alguém abala a noção grandiosa que têm de si mesmos, eles se tornam difíceis. Apesar da arrogância, são fáceis de magoar e emocionalmente fracos. Guardam rancor, culpam as outras pessoas por seus fracassos, excluem os outros e têm chiliques quando a situação não é como querem. Não gostam de errar. Gostam de se ouvir falar. Mas talvez a característica mais prejudicial seja que costumam julgar os outros e considerá-los muito insuficientes. São os Reis e Rainhas de qualquer família, escritório ou empresa.

Dá para imaginar que, quando se tornam pais, os narcisistas exigem perfeição dos filhos ou, no mínimo, que não os envergonhem. Enquanto pais saudáveis se sentem meio mal quando o filho não faz o gol no grande jogo, os pais narcisistas, numa situação como esta, se zangam e se sentem pessoalmente humilhados. Quando os filhos cometem erros visíveis para os outros — não importa se precisam da ajuda dos pais nesse momento —, os narcisistas levam para o lado pessoal e fazem os filhos pagarem.

SID

Sid tem 19 anos e está em pé à porta da elegante casa de seus ricos pais. À primeira vista, é um rapaz alto e bonito. Mas preste atenção em seus olhos e verá dor e incerteza. As mãos estão cruzadas com força na frente do corpo e os ombros, levemente curvados. Um policial está a seu lado e toca a campainha. O policial e o rapaz esperam vários minutos até uma mulher elegante abrir a porta. Ela abre um sorriso encantador para o policial, agradece por ter trazido o filho para casa, pega a papelada que ele lhe entrega e se afasta para deixar o filho entrar. O policial vai embora. A mãe de Sid fecha a porta e, por um momento, fica parada diante dele, os braços cruzados, uma expressão firme e impenetrável no rosto. Sid se inclina de leve na direção dela, como se quisesse ou, talvez, esperasse contato físico.

Ela diz: "Seu pai está muito aborrecido. Você não pode falar com ele agora. Ele foi se deitar. Vá para seu antigo quarto, e discutiremos isso pela manhã".

Sid foi pego bebendo? Fez algo mais grave, assaltou alguém, talvez?

*Não. Sid, que dirige há pouco tempo, feriu gravemente um pedestre. Ele atropelou um homem que cruzava correndo uma rua movimentada para pegar o ônibus, um quarentão com família que agora está em coma no hospital. **E a mãe de Sid o manda para o quarto de castigo.** Ela está aborrecida porque sabe que, no dia seguinte, o nome dele sairá no jornal e trará vergonha à família.*

Os pais narcisistas não reconhecem os filhos como pessoas independentes deles. Em vez disso, os veem como pequenas extensões de si mesmos. As necessidades da criança são definidas pelas necessidades dos pais, e, em geral, a criança que tenta exprimir suas necessidades é acusada de ser egoísta e sem consideração.

——— BEATRICE ———

Beatrice era uma menina afro-americana inteligente de 14 anos que conseguiu bolsa integral numa escola particular renomada e de muito prestígio em sua cidade. A maioria dos alunos era tão rica que, nas férias, ia a lugares como Monte Carlo e os Alpes suíços. Mas Beatrice era uma "caipira", cujos pais tinham de economizar para levá-la à Disney World ou à praia uma vez por ano. Na nova escola, as notas eram boas, como sempre. Mas ela sofreu o ano inteiro: sentia-se a única preta e interiorana e, principalmente, que não pertencia àquele meio.

Contudo, durante todo o ano escolar, a mãe de Beatrice se sentiu no paraíso. Adorava se vestir e ir aos eventos da escola para ficar ao lado de senadores e pais de Wall Street. Amava dizer aos vizinhos que a escola era muito difícil e que Beatrice ia muito bem. Sentia que finalmente se socializava com o tipo de pessoa que lhe interessava. Sempre que Beatrice tentava exprimir seu sofrimento social, a mãe exclamava: "Essa é uma oportunidade maravilhosa para você ser superbem-sucedida na vida! São só quatro anos. Você só precisa aguentar!". Beatrice tentou pôr em prática as palavras da mãe, mas se sentia solitária, deprimida e com pouca coisa em comum com os outros alunos. Quando disse aos pais, no fim do ano, que ia voltar

> *à escola pública, a mãe explodiu, caiu em prantos e gritou: "Como você pode fazer isso **comigo**? Agora não verei mais meus amigos maravilhosos! E os vizinhos ficarão felizes com seu fracasso, porque morriam de inveja de mim! Você está fazendo tudo isso porque não passa de uma egoísta dramática!". O pai de Beatrice não ajudou. Tinha aprendido que era melhor ficar do lado da esposa.*
>
> *Beatrice precisava de compaixão e empatia. O que recebeu foi vergonha. Durante muito tempo, a mãe teve dificuldade em perdoá-la por uma escolha que, aliás, se mostrou correta para Beatrice. Ela se formou na escola pública com uma bolsa integral da Universidade Brown, e a mãe ficou feliz de novo.*

O que falta aos pais narcisistas é a capacidade de imaginar ou se preocupar com o que os filhos sentem. Pais sem empatia são como um cirurgião que opera com ferramentas enferrujadas e pouca luz. O resultado provavelmente produzirá cicatrizes.

ZEKE

Voltemos a Zeke, o aluno do terceiro ano que, no Capítulo 1, desrespeitou a professora e levou um bilhete para casa. Aqui está a interação que teria com a mãe, se ela fosse narcisista:

> *Zeke entrega o bilhete à mãe. Ela o lê, e Zeke a vê contrair os músculos, o maxilar se apertar e o rubor subir pelo pescoço. Ela sacode o bilhete na cara do filho: "Como pôde fazer isso, Zeke? Agora a sra. Rollo vai pensar que não lhe ensinei boas maneiras! Que vergonha! Vá para o seu quarto. Não quero ver você agora. Estou muito magoada".*

A mãe de Zeke levou para o lado pessoal o mau comportamento do filho, como se ele tivesse feito aquilo **para ela**. Não está preocupada com Zeke, seus sentimentos ou seu comportamento. Tudo é sobre ela. Portanto, ele não recebeu nenhum conselho útil nem feedback sobre o melhor modo de se comportar na escola.

Quando se tornam pais, os narcisistas podem ter relacionamentos muito diferentes com cada um dos filhos. Escolhem favoritos e, em geral, acham que pelo menos um dos filhos é uma decepção. Mas o filho que lhes der uma boa imagem por ser bonito, atlético ou inteligente é "ungido" e goza de uma relação especial com mamãe ou papai narcisista. Às vezes, só na idade adulta o filho favorito de um narcisista percebe que o amor do pai ou da mãe era condicional o tempo todo.

GINA

Gina tem 32 anos e é a mais velha dos três filhos de uma família tradicional de Manhattan. Até bem recentemente, ela era a menina dos olhos do pai e gozava de uma relação boa e íntima com ele. Mas o irmão mais novo, sempre menos bem-sucedido do que ela, mantinha distância do pai e da própria irmã. Gina nunca entendeu e atribui esse fato ao ciúme do irmão. Agora, porém, Gina vai se casar com um filho de imigrantes, advogado de sucesso no escritório de advocacia dela. No entanto, o pai acha que esse homem não está à altura dela. Desde o noivado, o pai se mostra frio com ela e evita seus telefonemas. Quando conversam, ele usa o mesmo tom crítico que Gina sempre o ouviu usar com o irmão. Gina entende que está decepcionando o pai. Aos 32 anos, ela finalmente viu por que o irmão se afastou da família.

Com essa nova consciência, Gina pode avançar na vida e se distanciar do pai. Mas, inconscientemente, talvez sempre tente agradá-lo, ser melhor do que os outros para receber elogios e louvores por causa dele. Ela está presa no espelho do pai. Durante toda a infância, sua própria identidade foi negligenciada, enquanto se esforçava para cumprir as ideias grandiosas do pai sobre a filha perfeita que ela era. Quer o filho do narcisista se sinta odiado ao crescer, como o irmão de Gina, quer se sinta amado, como Gina, na idade adulta essa antiga criança terá dificuldade de se libertar do julgamento do narcisista. Terá dificuldade de se ver pelos próprios olhos.

Tenho certeza de que você está começando a entender. À primeira vista, a criação emocionalmente negligente dos filhos é muito parecida com a criação saudável. Mas as diferenças são drásticas. Do mesmo modo que, na floresta, um cogumelo pode virar jantar e o outro ser fatal, as semelhanças estão só na superfície. Os capítulos seguintes ensinarão você a reconhecer os vários cogumelos venenosos, a se tornar plenamente vivo e a transmitir essa força e esse conhecimento à geração seguinte.

TIPO 2: PAIS AUTORITÁRIOS

Em 1966, a psicóloga Diana Baumrind foi a primeira a identificar e descrever os "pais autoritários". A dra. Baumrind os descreveu como presos a regras, restritivos e punitivos, que criam os filhos com base em exigências muito rígidas e inflexíveis. As expressões que mais vêm à mente quando pensamos em pais autoritários são:
"Velha guarda."

"Crianças devem ser vistas, e não ouvidas."

"Poupe a vara e estrague a criança."

Quem nasceu entre 1946 e 1964, os chamados *baby boomers*, ou antes tem uma boa probabilidade de ter sido criado por pais autoritários. Esse estilo de criação de filhos era mais popular entre os pais daquela época. Os de hoje tendem a adotar uma abordagem bem mais aberta e permissiva, muitas vezes alimentada pela decisão consciente de NÃO criar os filhos como eles foram criados. No entanto, sem dúvida ainda há muitos pais autoritários.

Pais autoritários exigem muito dos filhos. Esperam que suas regras sejam obedecidas sem questionar. Ao mesmo tempo, esses pais não explicam as razões por trás das regras. Simplesmente exigem obediência e castigam com severidade se a criança não se adequar. É mais provável os pais autoritários castigarem ou baterem do que discutirem o problema ou a questão com os filhos. Eles não se preocupam muito com as ideias e os sentimentos da criança. Criam os filhos de acordo com o modelo que têm na cabeça de qual deveria ser o comportamento de uma criança e não levam em conta as necessidades, o temperamento ou os sentimentos individuais de cada filho.

A maioria dos pais abusivos fica na categoria autoritária. No entanto, a dra. Baumrind toma o cuidado de ressaltar que **nem todos os pais autoritários são abusivos**. Entretanto, eu me aventuraria a dizer que **todos os pais autoritários, por definição, são emocionalmente negligentes**.

Muitos pais autoritários tendem a igualar o amor à obediência do filho. Em outras palavras, quando o filho obedece completa e silenciosamente aos pais, estes se sentem amados. Infelizmente, o contrário também é verdadeiro. Quando a criança questiona a exigência dos pais, estes, além de desrespeitados, se sentem rejeitados. Se a criança desobedecer abertamente, os pais sentem tudo isso e mais ainda. Também se sentem absolutamente desamados. Para entender como isso funciona, vejamos Sophia.

SOPHIA

Sophia é uma mulher bonita e animada de 19 anos. O pai, de 62 anos, é um italiano da velha guarda. Ama ferozmente a filha única e, em troca, espera dela amor e respeito. Na véspera de Natal, a família de Sophia se reúne para a festa anual. Sophia desprezou essa festa durante anos, por não ter irmãos nem primos de sua idade e ver as tias e os tios como "chatos, enfadonhos e pretensiosos". Nessas festas, ela se sente um bibelô a ser exibido. É apresentada e avaliada pela família toda e depois esquecida e ignorada.

Este ano, Sophia foi convidada para passar o Natal com a família do namorado. Está empolgada com a possibilidade de conhecer os pais dele e com o significado disso para a continuidade da relação. Também acha que será um modo muito mais caloroso, interessante e empolgante de passar essa noite especial.

Quando Sophia, com grande apreensão, conta seus planos para o pai, ele se enraivece. "Você não pode me desrespeitar assim. O que suas tias e tios vão pensar? Vão achar que você não os ama. É assim que você demonstra consideração por tudo o que fiz por você? Só peço um jantar, uma vez por ano, e você é egoísta demais para isso." Como a filha não cede imediatamente a seus desejos, o pai lhe diz que não se incomode em aparecer no dia de Natal. "Vou devolver seus presentes, e você pode passar o dia de Natal todinho com seu

> *namorado também." Nesse momento, Sophia se sente tão carente e culpada que concorda em mudar seus planos e satisfazer a vontade do pai. Ela não suporta a ideia de passar o dia de Natal sozinha.*

O pai de Sophia reagiu de forma tão dura porque se sentiu completamente rejeitado e mal-amado pela filha. A quebra intencional das regras pela filha foi vivenciada como rejeição, desrespeito e falta de cuidado, quando na verdade era movida por três coisas saudáveis e positivas: o amor pelo namorado, a empolgação com o futuro e a necessidade normal e natural de construir a própria vida. Na verdade, sem querer, o pai de Sophia está "treinando" a filha para deixar de lado suas necessidades saudáveis para satisfazer a dele de se sentir amado.

JOSEPH

> *Joseph tem 10 anos, é o mais velho de cinco irmãos, e hoje é Halloween. Em todo Halloween da curta vida de Joseph, a família seguiu o mesmo ritual. Eles comem cachorro-quente às 18 horas e, depois do jantar, as crianças podem finalmente vestir as fantasias, embora implorassem por isso desde a manhã.*
>
> *Todo ano, a mãe e a avó de Joseph escolhem um tema para as fantasias e as confeccionam. Este ano, todas as cinco crianças serão Power Rangers. Joseph, por ser o mais velho, está com vergonha, porque se acha grande demais para ser um Power Ranger. Ele teme que os amigos o vejam numa fantasia de bebê e impliquem com ele na escola no dia seguinte. Este ano, queria ser Harry Potter. Mas Joseph nunca questionaria a escolha das fantasias nem pediria à mãe*

para ser Harry Potter, porque sabe que ela ficaria muito zangada por ele não valorizar todo o trabalho dela e da avó para confeccionar as fantasias. Assim, Joseph tenta não pensar na roupa. Tira isso da cabeça e consegue se empolgar com as gostosuras ou travessuras, apesar de ser um Power Ranger.

Os pais de Joseph são muito exigentes a respeito do processo. Todo ano, as crianças têm permissão de ir às mesmas sete casas do bairro. Precisam andar em ordem de idade, o mais novo na frente, para a mãe ficar de olho neles. Enquanto caminham de uma casa para outra, Joseph avista dois amigos mais à frente pedindo doces juntos e, por impulso, acena, grita seus nomes e sai correndo. A mãe de Joseph, que tenta tomar conta dos cinco filhos e manter a ordem, reage imediatamente: agarra seu braço e o puxa de volta para o fim da fila, onde é o lugar dele. "Chega de gostosuras e travessuras para você hoje", ralha ela. "Como não consegue se controlar, vai ficar comigo enquanto seus irmãos e irmãs vão às outras casas. Talvez assim você se lembre de se comportar no ano que vem."

A mãe de Joseph é um bom exemplo de pais autoritários. Não levou em consideração a idade de Joseph (nem a dos outros filhos) para decidir a fantasia e tratou todos os cinco como se tivessem a mesma idade. Não se interessou pelo que Joseph queria ser no Halloween e achou mais fácil fazer cinco fantasias idênticas. Suas regras são rigorosas e inflexíveis e, quando Joseph as quebra sem querer, a consequência é dura.

Podíamos dar um desconto à mãe de Joseph, pois ela precisa cuidar de cinco crianças pequenas durante o Halloween. Talvez seu jeito autoritário se baseie na tentativa desesperada de gerenciar os cinco filhos. No entanto, é importante observar que, qualquer que seja a razão do comportamento, ele ainda causará o mesmo efeito em Joseph. Ele está aprendendo que ter necessidades e desejos é egoísta e que precisa guardar esses desejos, necessidades e sentimentos dentro de si. Também está aprendendo que não é importante. Quando entrar na adolescência, Joseph correrá mais risco de ter um comportamento rebelde e, quando adulto, maior probabilidade de apresentar sintomas de negligência emocional.

Alguns exemplos de pais autoritários vêm num pacote mais sutil.

RENÉE

Renée me contou em uma das primeiras sessões de terapia: "Fui uma criança difícil. Vivia criando problemas. Quando me lembro, sinto pena de meus pais". Ao fazer mais perguntas a Renée, veja o que descobri:

O pai de Renée era "meio rigoroso" (palavras de Renée). Esperava que os filhos ajudassem em casa. Era comum voltar do trabalho e notar, por exemplo, que o piso da cozinha estava sujo. "Renée, venha passar um pano neste chão!", gritava. Se Renée estivesse fazendo o dever de casa, ela tentava, com sensatez, terminar de escrever a frase ou fazer a conta antes de sair correndo. Essa breve demora era interpretada pelo pai como desobediência. "Quando eu mandar limpar o chão, quero que seja AGORA, e não daqui a cinco minutos!", gritava. Era assim com qualquer que fosse a tarefa, não importava o que Renée estivesse fazendo na hora em que o pai gritasse.

Não é preciso dizer que Renée estava sempre "criando problemas".

Dá para notar que o pai de Renée não lhe impunha a punição estrita como os outros pais autoritários. Não a deixava de castigo, não a bania do Natal. Na verdade, o que ele fazia seria considerado normal pelos padrões de muita gente. Que pais não gritam de vez em quando? O problema do pai de Renée era que ele gritava muito e era cruel. Isso era alimentado pela *sensação* de que a filha, por não reagir imediatamente à ordem, não o amava. Ele tentava satisfazer uma necessidade sua (de se sentir amado e respeitado) e transmitir a Renée que era melhor ela fazer o que ele mandasse.

Infelizmente, o que ele realmente fez foi lhe transmitir que as necessidades dela, além de inconsequentes, também eram ofensivas. Renée culpava a si mesma por ter necessidades inaceitáveis, e não ao pai por ser insensato. Em essência, ele a condenava a uma vida inteira de culpa e raiva de si mesma. Felizmente, Renée encontrou o caminho da terapia e aprendeu a aceitar que não há problema em ter sentimentos e necessidades próprios.

ZEKE

Zeke pega o ônibus da escola para voltar para casa com imagens do jogo de futebol americano do dia seguinte dançando na cabeça. Finalmente o pai conseguiu entradas para ver os Patriots e vai levar Zeke a um jogo deles pela primeira vez. Zeke nunca esteve tão empolgado!

Assim que chega em casa, entrega o bilhete à mãe. Quando ela lê a mensagem, seu rosto assume uma expressão devastada de mágoa misturada com raiva. "Isso é inaceitável. Você precisa aprender a demonstrar respeito! Não merece ir ao jogo amanhã. Talvez na próxima vez você se lembre de respeitar a sra. Rollo."

Obviamente, a mãe de Zeke foi muito severa. Não esperou para ouvir a versão dele, nem tentou lhe ensinar algo sobre o controle das emoções ou o funcionamento do ambiente escolar. Em vez disso, ela lhe ensinou que, por via de regra, *ele* não importa. Só o que importa é respeitar a autoridade com a obediência incontestável. Mesmo que cresça e, tomara, receba de outras pessoas em outras situações (um professor, um amigo, a esposa) a mensagem de que ele *importa, sim,* Zeke ainda terá a tendência profunda de se culpar quando algo der errado e também de ser muito duro consigo mesmo quando cometer um erro.

TIPO 3: PAIS PERMISSIVOS

Em vários aspectos, pais permissivos podem ser considerados diametralmente opostos aos autoritários. Seu lema é: "Não se preocupe, seja feliz". Em nossa cultura, os pais desse tipo são retratados como amados e excêntricos. Pense nos pais hippies de Dharma no seriado *Dharma & Greg*; em Homer Simpson; na mãe de Stewie em *Uma família da pesada*; ou no pai tranquilo que fuma cachimbo de *Dennis, o Pimentinha*. É possível descrever os pais permissivos como os que escolhem o caminho de menor resistência. Na melhor das hipóteses, querem que os filhos sejam felizes. Na pior, simplesmente não querem se dar ao trabalho de criá-los. Seja como for, não dão aos filhos limites, estrutura ou, na adolescência, uma presença adulta forte contra a qual os filhos possam se rebelar. Dizer "não" exige energia. Forçar um filho a cumprir uma tarefa ou um serviço doméstico exige energia. Lidar com uma criança raivosa exige energia. Ser momentaneamente odiado pelo filho por dizer "não" é doloroso. Os pais permissivos acham mais fácil fazer eles mesmos o serviço doméstico do que encarregar a criança de fazê-lo. E fingem que não veem ou criam desculpas para os filhos que se metem em encrencas.

É comum os filhos considerarem muito amorosos os pais permissivos. Isso acontece porque esses pais provocam pouquíssimo conflito com os filhos. Simplesmente não dizem "não" com frequência suficiente. Muitos desses pais sentem grande desconforto com conflitos em geral e têm suas próprias dificuldades com a autodisciplina. Para entendermos o estilo permissivo de criar filhos, vejamos a infância "idílica" de Samantha.

SAMANTHA

> *Samantha era invejada no bairro. Quando todas as crianças vizinhas eram chamadas uma a uma para ir para casa jantar, Samantha tinha liberdade de ser a última. Quando não queria ir à escola, podia tirar um dia de folga; bastava pedir. Quando não queria ir dormir, não havia problema algum. Ela podia escolher a hora de deitar. Os pais de Samantha acreditavam que as crianças deviam ter liberdade total e, com isso, se tornariam adultos felizes. De fato, Samantha era muito feliz em casa. Raramente entrava em conflito com os pais e, conforme foi ficando mais velha, simplesmente quase nunca estava em casa.*
>
> *No entanto, na escola havia problemas. Todos sabiam que Samantha era muito inteligente e capaz de tirar ótimas notas. Os professores a achavam muito difícil. Eles a descreviam como mimada e indisciplinada, e o desempenho dela ficava aquém do esperado. Além da dificuldade de obedecer às regras, tinha problemas comportamentais nas aulas. Tendia a faltar nos dias de prova. Portanto, não surpreende que tirasse notas bem abaixo de seu potencial.*

Dá para entender por que, em retrospecto quando adulta, Samantha achava que os pais eram maravilhosos. "Nunca deixei de me sentir plenamente apoiada por eles", disse ela na primeira sessão de terapia comigo quinze anos depois. Naquela época, Samantha trabalhava como gerente de uma loja de roupas num shopping. Culpava-se por não ter formação universitária. "Tive todas as oportunidades", disse ela. "Meus pais pagariam a faculdade, mas joguei tudo isso fora. Não entendo o que há de errado comigo." Samantha não fazia ideia de que o estilo permissivo dos pais não a preparara para lidar com as exigências do mundo real. Tinha uma visão distorcida da infância e não era capaz de entender a si mesma, nem de compreender suas dificuldades.

Nem todos os pais permissivos são lembrados com carinho. Quando adulta, Audrey não mantinha nenhum relacionamento com os pais e sentia muita raiva de si mesma. Continue lendo.

AUDREY

Audrey fez 13 anos bem na época em que os pais estavam se divorciando. A mãe não aguentava mais as bebedeiras e traições do pai e finalmente lhe deu o fora. Ele logo foi morar com outra mulher, e Audrey ficou morando com a mãe e a irmã mais nova. A mãe de Audrey logo conheceu outro homem, que foi morar com elas. Estava vertiginosamente apaixonada e concentradíssima no novo relacionamento.

Ao notar que nenhum dos pais prestava atenção no que ela fazia, Audrey ficou encantada. Começou a andar com um grupo de adolescentes mais velhos, a beber e fumar maconha. A mãe de Audrey percebeu que a filha raramente parava em casa, mas para ela tudo bem, porque assim tinha mais tempo para ficar com o namorado.

Quando Audrey foi pega na escola com um baseado no bolso do casaco, ela disse à mãe que só estava guardando para uma amiga. A mãe aceitou prontamente essa explicação, aliviada porque a filha não usava drogas. Era muito mais fácil aceitar essa desculpa patética de Audrey do que se esforçar para investigar, observar e ralhar com a filha fora de controle. Com 18 anos, Audrey fez um aborto (sem os pais saberem) e foi reprovada em várias matérias da escola, apesar do QI elevado.

Na idade adulta, olhando para trás, Audrey se culpou por todas essas dificuldades. A ausência quase completa dos pais nos anos da adolescência a levou a pensar que eles não tinham nenhuma influência sobre ela, positiva ou negativa. Quem, então, teria culpa, senão ela mesma? É difícil ver que o que NÃO EXISTE pode ser mais importante do que aquilo que EXISTE. Ela não fazia ideia de que, entre o pai ausente e a mãe desatenta, ninguém investiu tempo e energia para realmente criá-la.

Quando adolescente e também quando adulta, Audrey cometia em seu pensamento o erro que muitos cometem. Lembra-se de que Audrey ficou encantada aos 13 anos ao ver que não havia ninguém para vigiá-la, dizer "não" ou impor regras? Samantha também ficou contente por não ter regras. É natural que os adolescentes anseiem por liberdade. Eles tentam forjar sua identidade e separar-se dos pais. O importante a lembrar é que, embora anseiem por liberdade, não é saudável que os adolescentes a tenham em excesso. Eles precisam de pais fortes contra quem possam se rebelar. Aprendem a tomar boas decisões e a controlar seus impulsos quando esbarram em regras e consequências impostas pelos pais. Infelizmente, Audrey não tinha nada disso.

Outra armadilha dos pais permissivos: os filhos não recebem deles feedback suficiente. Audrey teve de descobrir sozinha o que podia esperar de si mesma: em que era boa, quais eram seus pontos fracos, em que devia se empenhar. Para entender melhor, vamos falar de Eli.

ELI

Quando estava no quinto ano, certa vez Eli levou seu boletim para casa. Havia cinco notas 5, duas notas 3. A mãe abriu, olhou e balançou a cabeça com tristeza. "Bom, tenho certeza de que você fez o

> *seu melhor", disse ela com um suspiro. Eli, muito aliviado naquele momento, saiu correndo para brincar. Apesar do alívio, ele sentia uma certa inquietação enquanto brincava. "Ela disse que fiz meu melhor. Isso significa que acha que não consigo nada além disso."*

Como a mãe de Eli não exigia nem esperava muito dele, o menino cresceu sem exigir muito de si mesmo. O estilo permissivo da mãe facilitava que ele trabalhasse o mínimo possível. E o feedback permissivo lhe passou uma mensagem de que talvez a mãe não pretendesse transmitir. Ao escolher o caminho de menor resistência, ela ensinou o filho a não esperar nem exigir muito de si mesmo porque, seja como for, não seria capaz de conseguir.

——— ZEKE ———

> *Zeke entregou o bilhete à mãe. Uma sombra quase imperceptível passou pelo rosto dela, mas foi logo substituída por alegria. Ela pegou a bola de futebol americano que Zeke tinha deixado na bancada da cozinha, apontou a sala de estar e disse: "Vá pegar!". Zeke correu para pegar a bola. Quando a pegou, a mãe deu pulinhos e imitou os vivas da multidão. "Você é muito forte", disse ela enquanto desarrumava o cabelo dele. "Dia difícil, hein? Que tal um sorvete para melhorar?"*

Para qualquer um que observasse, seria fácil interpretar a mãe de Zeke como muito amorosa e protetora. Afinal de contas, ela quer que Zeke se sinta melhor, não é? Pais como a mãe de Zeke costumam ser vistos como "pais legais" pelos amigos dos filhos. Se os amigos de Zeke vissem a mãe dele reagir assim aos problemas, provavelmente teriam inveja dele. Em comparação, talvez vissem os próprios pais como chatos e exigentes. Mas, por mais amorosa e protetora que seja, ela falhou com o filho. Tratou Zeke como um colega, um amigo, um parceiro, e não como uma criança que precisa de regras para seguir e ajuda para controlar seus impulsos. Pais amorosos e protetores capazes de fazer o verdadeiro trabalho de criar os filhos não lhes passariam a mensagem de que o problema que tiveram na escola não é relevante, nem de que não há nada a aprender com os erros. A mãe de Zeke trocou a oportunidade de lhe ensinar algumas lições importantes pela de ser sua parceira.

Na realidade, nem todos os pais permissivos adotam esse estilo por egoísmo, como faziam os de Audrey. Muitos pais permissivos, como a mãe de Zeke, amam muitíssimo os filhos e têm a melhor das intenções. Em geral, simplesmente criam os filhos como foram criados. Não percebem que precisam ocupar o papel de autoridade perante os filhos, com limites, consequências e "nãos", para ajudá-los a se conhecerem e entenderem sentimentos e relacionamentos.

TIPO 4: PAIS ENLUTADOS: DIVORCIADOS OU VIÚVOS

Em geral, os pais enlutados estão desesperados, tentando viver. Não é fácil ter pais enlutados. É mais difícil ainda quando o filho está de luto pelo pai ou pela mãe, que ele *também* perdeu. As crianças que perdem um dos pais por morte ou divórcio têm seu próprio luto para superar. Na família, o pesar pode ser muito difícil e complicado, mas, neste livro, estamos interessados principalmente num único aspecto da situação: quando ele resulta em negligência emocional.

——— SALLY ———

Sally é a filha do meio de cinco irmãos de uma amorosa família irlandesa. Todo dia, a família de Sally se ocupa com as atividades da igreja, a liga dente de leite de beisebol, a associação de pais e mestres, escola, churrascos e aulas de piano. As crianças brigam muito porque a idade é próxima, mas em geral se amam e se entendem bem. A mãe de Sally é uma mulher muito ocupada que tenta acompanhar a escola e os esportes dos filhos e, ao mesmo tempo, trabalhar no Departamento de Lazer da cidade. Ela costuma dizer aos amigos que é uma sorte ter esse emprego de meio expediente, pois é a única coisa de sua vida não ligada a ser mãe; sem isso, ela enlouqueceria. O pai de Sally é engenheiro. Ganha bem, e eles vivem com pouca preocupação financeira.

Os pais de Sally têm temperamentos muito diferentes. A mãe tende a estar sempre sobrecarregada, distraída e exausta com as exigências dos filhos. O pai não fica muito em casa porque trabalha bastante e mora longe do emprego, mas, quando está em casa, aprecia os filhos. Como às vezes acontece com os filhos do meio, Sally tende a ser meio esquecida na família. Não é a mais velha, nem a mais nova, nem a única menina, nem a mais talentosa. Mas tem a sensação secreta de ser a filha favorita do pai. Quando encomendaram uma foto de família, ele pediu a Sally que se sentasse em seu colo. Às vezes, nas manhãs de domingo, ela se senta ao lado do pai, e os dois leem juntos a página de quadrinhos.

Quando tinha 8 anos, Sally ouviu os pais conversando baixinho. Tentou escutar, mas só conseguiu identificar poucas palavras. Uma delas foi "câncer". Sally não queria pensar nisso e saiu para brincar. Aos poucos, nos meses seguintes, ela notou que o pai emagrecia. Dali a seis meses, ele parou de trabalhar e ficava o tempo todo na cama. No dia em que ele não foi mais trabalhar, os pais reuniram a família para contar aos filhos que ele estava com câncer. "Mas tudo vai dar certo", disseram. "Não queremos que vocês, crianças, se preocupem."

Certo dia, três meses depois, Sally voltou da escola, deixou os livros na mesa da cozinha e abriu a geladeira para pegar um copo de leite. A irmã mais velha entrou no cômodo com o rosto marcado pelas lágrimas e disse: "Papai se foi. Já o levaram". Nos meses seguintes, toda a gravidade dessa declaração atingiu Sally. Ela viu a mãe muito pouco na primeira semana depois do sumiço do pai e, quando a via, o rosto dela estava inexpressivo, como se fosse de pedra. A mãe de Sally pouco falava e não mencionava o marido nem sua perda. Não conversou diretamente sobre isso com nenhum dos filhos. Deixou que vizinhos, tios e tias prestativos cuidassem das crianças, com instruções para que tentassem manter a vida o mais normal possível. Assim, Sally era levada às aulas de piano e aos jogos de beisebol do irmão. O único dia em que não foram à escola foi o do funeral. As crianças foram vestidas, levadas à igreja para a cerimônia fúnebre e depois voltaram para casa. Ainda assim, ninguém falou sobre a morte do pai. Sally temia dizer alguma coisa à mãe e fazer perguntas, porque tinha a sensação de que qualquer pergunta errada faria o rosto de pedra da mãe se esfarelar. Ela não queria magoar a mãe.

Depois do funeral, a vida continuou. Foi como se nada tivesse acontecido. Ninguém mencionava o pai de Sally. Era como se ele *nunca tivesse existido. Mas a vida da família mudou drasticamente. A mãe de Sally teve de arranjar um emprego de tempo integral numa lanchonete. A casa foi vendida, e eles se mudaram para um apartamento alugado muito menor, sem quintal. A mãe de Sally passava nove horas por dia no emprego. Em casa, passava quase o tempo todo com as tarefas domésticas, em geral com aquele rosto de pedra. Sally aprendeu a manter distância da mãe, porque qualquer necessidade sua parecia deixar a mãe mais perto do abismo. Ela vivia com medo de ver a mãe entrar em colapso.*

Quando a conheci, Sally tinha 40 anos e era solteira. Nunca se casou. Era uma bem-sucedida engenheira de biotecnologia, tinha casa própria, cachorro e paixão por sudoku. Mas veio à terapia porque não era feliz. "Não sou feliz desde os 8 anos", disse. Embora funcionasse direitinho e tivesse criado para si um lugar no mundo, durante 32 anos ela enfrentou uma tristeza que não conseguia afastar e uma sensação de vazio da qual não era capaz de fugir. Certa vez, Sally me disse: "Os outros vivem num mundo diferente do meu. Veem cores, sentem coisas, se amam, ficam empolgados. Não tenho nada disso. Para mim, o mundo é cinzento. Estou no lado de fora, olhando para dentro".

Sally estava certa. Realmente vivia num mundo cinzento. Andava com o tanque meio vazio, com combustível de baixa octanagem diluído por um reservatório de lágrimas não derramadas. Eis alguns sentimentos que Sally guardava todos aqueles anos dentro de si:

- Choque com o súbito desaparecimento do pai;
- Pesar pela perda dele;
- Raiva por não terem dito a ela que o pai ia morrer;

- Medo de falar sobre qualquer coisa ligada a sentimentos para não magoar os outros (essa mensagem, ela recebeu do rosto pétreo da mãe);
- Perda da sensação de ser "especial", pois nunca mais se sentiu a favorita de alguém;
- Medo de voltar a se apegar, porque, em sua experiência, o apego é desastrosamente doloroso;
- Raiva da família e de si mesma por terem fingido, depois da morte do pai, que ele nunca existiu;
- Culpa por desejar periodicamente, durante toda a vida, que tivesse sido a mãe, e não o pai, a morrer.

Aqui, é importante observar que a mãe de Sally era uma boa mulher. Trabalhou muito e, mesmo sobrecarregada, fez o que pôde. Quando soube da doença do marido, que ele ia morrer e ela o perderia, não tinha as ferramentas necessárias para lidar com a própria tristeza, muito menos para falar sobre o assunto com os filhos. Entrou no Modo de Sobrevivência e usou a técnica "abaixe a cabeça e mantenha os olhos no trabalho". Fez o possível com as ferramentas que tinha. Parte do trabalho de Sally foi entender por que e como aquilo tudo se desenrolou daquela maneira, como a afetou e todos os sentimentos intensos que, por causa disso, ela internalizou e enterrou.

Em nosso trabalho conjunto, finalmente Sally conseguiu descobrir cada um desses sentimentos. Ela passou muitas horas no consultório, derramando as lágrimas que vinha segurando durante todos aqueles anos sem saber. Com muito trabalho, Sally conseguiu se sintonizar consigo mesma, sentir-se viva e enxergar as cores que os outros viam no mundo.

ZEKE

Zeke volta da escola nervoso porque tem de mostrar o bilhete ao pai. Gostaria de entregá-lo à mãe, mas hoje é quinta-feira e, desde o divórcio, ele sempre passa as noites de quinta com o pai. O menino sabe que o pai não aceitará bem, porque anda cansado, irritado e de mau humor desde que a mãe de Zeke foi embora. Ele não entende por que o pai tem de ser assim. A mãe e o padrasto parecem muito felizes, e ele fica triste ao ver que o pai não está feliz também.

Zeke entrega o bilhete ao pai. Observa, nervoso, o pai balançar a cabeça devagar, de um lado para o outro. "Isso é culpa da sua mãe", diz ele. "Não me surpreende que você esteja começando a ter problemas depois de tudo o que ela nos fez passar. Não se preocupe. Vou conversar com ela sobre isso."

Dá para imaginar que Zeke ficaria confuso com a reação do pai. Os impulsos e a natureza briguenta do próprio Zeke são completamente deixados de lado pelo pai, que escolhe usar a situação como munição contra a ex-mulher, que o deixou de repente e logo se casou de novo. Zeke pode estar aliviado por ter se safado, mas no fundo se sente negligenciado. O pai tenta mostrar que protege Zeke, mas na verdade só quer defender seu ponto de vista. Infelizmente, o filho não tem a oportunidade de aprender com seu erro.

Claro que é compreensível que um homem se sinta zangado e ferido quando a esposa o deixa de repente. Também é compreensível que tenha medo de que isso prejudique o filho dos dois. Quando recordar essa situação na idade adulta, Zeke se lembrará com clareza de que o pai foi protetor e não se zangou com ele por ter arranjado problemas. O que Zeke *não vai recordar* é o que *não aconteceu*. E o que não aconteceu foram todas as coisas que a mãe fez em meu exemplo de criação de filhos emocionalmente sintonizada. Lembre-se de que isso envolve conhecer os sentimentos da criança, conversar com ela, estabelecer limites e dar à criança uma regra para seguir. Se o pai continuar ignorando os sentimentos e as necessidades do filho, quando crescer, Zeke provavelmente vai sentir que, na verdade, o pai não o conhece como pessoa. Mas não entenderá as razões disso, porque não pode recordar o que não aconteceu. E é provável que se culpe.

TIPO 5: PAIS VICIADOS

Quando ouvimos a palavra "viciado", a maioria de nós pensa em álcool ou drogas. Mas o vício ou adição engloba uma variedade muito maior de comportamentos compulsivos, como jogo, compras, internet, pornografia, raspadinhas, cigarros, caça-níqueis e jogos on-line, para citar alguns. Em moderação, algumas dessas atividades são agradáveis e aliviam o estresse. Mas podem atravessar o limite da adição quando a pessoa começa a:

- Sentir prazer intenso, quase alívio, ao praticar ou antever a atividade;
- Dedicar cada vez mais tempo à atividade, a ponto de familiares notarem ou reclamarem;
- Gastar dinheiro e outros recursos com a atividade, tendo ou não condições financeiras;
- Usar a atividade com muitos propósitos: aliviar o estresse, socializar, brincar, controlar as emoções ou divertir os outros;
- Negar que a atividade prejudique alguém ou a própria pessoa.

Numa explosão sem precedentes de jogos tecnológicos, compras a crédito, acesso ilimitado à internet e redes sociais, há muito potencial para qualquer um desenvolver uma adição. Os americanos, especificamente, estão acostumados a muito estresse e gratificação imediata, e ambas as coisas alimentam as adições. Mais recentemente, o neurocientista David Linden escreveu sobre a variedade de prazeres em que o cérebro pode se viciar. Ele insiste que o leitor veja os adictos com compaixão, como você veria qualquer pessoa doente. Mas o que dificulta a situação para os familiares é o dano que, invariavelmente, o viciado causa àqueles que estão mais próximos.

Pais viciados não são todos iguais. Numa ponta do espectro, estão os pais perdidos para as drogas ou o álcool que vivenciam as consequências óbvias. Os filhos desses pais viciados disfuncionais, além de emocionalmente negligenciados, ficam traumatizados. Não é sobre esses pais que discutiremos aqui. Estamos interessados nos pais amorosos e funcionais, cuja adição talvez nem seja identificada pela família como um problema. São os pais sobre quem meus clientes falam com alguma variação de "ele tomava uma cervejinha toda noite, mas isso não era um problema". São os pais perdoados pelo vinho do jantar, mesmo que depois ficassem irritados ou melosos, porque estão presentes na vida dos filhos de várias maneiras. Os pais viciados funcionais podem ser bons pais. Vão ao jogo de futebol com o isopor e os petiscos para o time. Convidam os primos, as tias e os tios e fazem churrasco. Quando o filho tem problemas na escola, vão à sala da diretora defendê-lo. Fazem os filhos rirem.

E o que a mãe amorosa que leva os filhos à escolinha de futebol e gosta de vinho fez ou deixou de fazer para vir parar neste livro? Ou o pai trabalhador que curte apostar em todos os esportes da televisão? São culpados de criar os filhos com negligência emocional?

Em poucas palavras, o que fere os filhos de pais viciados funcionais é o seguinte: eles se comportam como duas pessoas. E o filho nem sempre consegue prever que lado do pai ou da mãe vai aparecer. Quando flagrados no comportamento viciante, se esquecem de que são pais. É como se cochilassem em serviço, e assim podem ser maus, assustadores, imaturos, egoístas ou impróprios. Quando não flagrados no comportamento, os mesmos pais podem ser gentis, compreensivos, sábios, prestativos, divertidos ou tranquilizadores. Assim, para o filho de pais viciados funcionais, as lembranças da vida em família são invariavelmente confusas, com algumas positivas misturadas às tristes. Depois de uma infância cheia de pais imprevisíveis, o filho adulto do viciado é ansioso, preocupado e secretamente inseguro.

RICHARD

Richard vem à terapia aos 27 anos depois de ter sofrido alguns ataques de pânico no trabalho. Ele não sabia o que eram e foi parar duas vezes no pronto-socorro, achando que sofria um ataque cardíaco. O pai dele é muito respeitado como comandante dos bombeiros. Quando lhe pergunto, Richard me conta que, na adolescência, ele foi um astro do beisebol. No terceiro ano do ensino médio, chegou a ser nomeado melhor jogador do ano. Richard também me conta com orgulho que o pai ia a todos os seus jogos. Ele se lembra de que o pai costumava arremessar para ele treinar as tacadas. Até aí, tudo bem, não é?

Mais adiante na sessão com Richard, pergunto: "Houve alguma ocasião na infância em que você se lembra de se sentir ansiosíssimo, mais ou menos como vem se sentindo ultimamente?". Eis o que ele me

> conta: *"Foi no banquete dos prêmios, no fim da temporada de beisebol do terceiro ano. Eram oito da noite, e eu estava um pouco preocupado porque, em geral, a essa hora papai já teria tomado algumas cervejas. Quando o nome chamado como melhor jogador da temporada foi o de um colega de time e não o meu, papai se levantou e disse com sua voz retumbante de comandante dos bombeiros: 'Esse lixo de garoto não merece. Meu filho chegou ao campeonato nacional!'. Todos pararam em choque e olharam para mim, para meu pai e para mim outra vez. Fiquei morrendo de vergonha. Saí de lá aos tropeços e vomitei do lado de fora. Não gosto de pensar nessa lembrança. Na primavera da temporada seguinte, eu ia a festas demais para jogar beisebol".*

Filhos de pais viciados vivenciam a falta de previsibilidade como fonte de muita ansiedade. Portanto, quando adultos correm um risco bem maior de apresentar transtornos de ansiedade e de desenvolver adições do que as pessoas criadas por pais não viciados. Ser um bom pai na maior parte do tempo e um pai horrível de vez em quando cria adultos ansiosos e inseguros que vivem à espera de que tudo dê errado.

Outro aspecto dos pais viciados que se caracteriza como negligência emocional é a tendência a equilibrar os períodos de negligência com períodos de controle e intromissão.

ELSIE

> *Elsie é uma menina de 12 anos de olhos escuros perspicazes, que a mãe trouxe à terapia. Catherine, a mãe, é viciada em magreza e também exagera no álcool. Queixa-se de Elsie à terapeuta e diz que*

as notas da filha pioraram e que a menina está desrespeitosa e "meio desanimada". Ela chama Elsie de "princesa excessivamente dramática". O pai de Elsie viaja muito a negócios; e em casa costumam ser Elsie, a mãe e a irmã mais nova. Quando a mãe deixa Elsie sozinha comigo no consultório para a primeira sessão, a menina me diz que ama a mãe, mas que não "escolheria alguém como ela para ser sua amiga, porque às vezes ela é má". Ela me conta que, no minuto em que põe a mão na maçaneta da porta de casa depois da escola, se sente preocupada. Se a mãe ainda não tomou seu vinho, estará tudo bem. Mas, se tomou, ela normalmente olha para Elsie de cara feia quando a filha come alguma coisa ou exige que a menina saia para se exercitar (embora ela seja magra). Às vezes, diz Elsie, é bom ter uma mãe que cuida do que ela come. Mas, embora a mãe lhe diga que não é gorda, Elsie acredita que, quando diz "esse lixo que você está comendo engorda", "já chega", "vá andar de bicicleta, sua preguiçosa" ou "essa calça está apertada", a mãe quer dizer que Elsie não está à altura. No entanto, quando não bebe, a mãe de Elsie não diz nada disso.

Quando se envolvem com seus próprios vícios, os pais não são capazes de notar as emoções dos filhos e não conseguem entender como eles realmente são. Quando, sob a influência do álcool, a mãe de Elsie lhe diz "vá andar de bicicleta, sua preguiçosa", na verdade ela não está falando com Elsie. Ela exprime o que sente sobre si (o medo de engordar). Não alcoolizada, a mãe é capaz de ver Elsie de forma realista e dizer isso a ela. Mas, depois de um copo de vinho, tudo mudava. Esse é um exemplo perfeito da negligência emocional em ação. Elsie é tratada como uma não pessoa, um simples reflexo de como a mãe se vê. Infelizmente, por ser criança, Elsie não fazia ideia de que isso acontecia. Levava a sério os comentários da mãe e, quando a conheci, tinha baixa autoestima e uma sensação persistente de não ser suficiente.

ZEKE

Zeke desce do ônibus escolar se sentindo ansioso. Fica se perguntando o que fazer para matar o tempo antes de entrar em casa e entregar à mãe o bilhete da professora. Ele sabe que, se entrar um pouco mais tarde, a mãe já estará mergulhada no joguinho do computador e não dará muita atenção ao bilhete. Zeke não tem medo da reação da mãe. Mas é um menino inteligente e, com o tempo, descobriu que às vezes consegue se safar das broncas se a mãe estiver absorta no computador. Assim, Zeke dá uma volta no quarteirão, passa na casa do amigo Scott e leva algum tempo procurando pedras interessantes na entrada da garagem do vizinho. Dali a algum tempo, ele percebe que, se não for logo para casa, a mãe vai ficar preocupada. Então, junta toda a sua coragem e entra.

Com um suspiro de alívio, Zeke nota imediatamente que a mãe não olha quando ele chega. "Como foi a escola?", grita ela. "Normal. Trouxe um bilhete da professora", responde Zeke. Ele deixa rapidamente o bilhete na mesa do computador da mãe e vai buscar um biscoito na cozinha. Sabe que a mãe não vai parar de jogar para olhar e, quando terminar, talvez tenha até esquecido que o bilhete está ali. Com um suspiro de alívio com o sucesso da "Operação Adiar Problemas o Máximo Possível!", ele espera que ela vença o jogo hoje, para ficar de bom humor e não se aborrecer quando ler o bilhete.

É importante observar que, na realidade, Zeke não tem medo de que a mãe reaja com exagero, se zangue ou fique agressiva. Na verdade, ela é bondosa, sensata e amorosa. A questão aqui é que o vício em computador da mãe abre uma janela para ele. Com rapidez e facilidade, ele aprendeu a usá-la para evitar coisas, inclusive as consequências de seu comportamento. Se consegue usar isso em algo grave como um bilhete da professora, podemos supor com segurança que já o usou em muitas situações menores.

Aqui, Zeke foi emocionalmente negligenciado, porque seu problema na escola pode passar despercebido devido à adição da mãe. Se tiver sucesso na Operação, ele não será chamado a se explicar e não terá a sensação de ser compreendido. Não aprenderá a reconhecer nem a dar nome às próprias emoções. Por outro lado, com a mãe viciada ele aprenderá a evitar as consequências e a "jogar" com as pessoas. O interessante é que, quando adulto, provavelmente Zeke não recordará esse incidente do bilhete da professora. Caso se lembre, é bem provável que culpe a si mesmo por ser manipulador, e não à mãe por negligenciá-lo emocionalmente. Ele recordará o que *fez*, não o que a mãe *não fez*.

TIPO 6: PAIS DEPRIMIDOS

Voltemos ao terceiranista Zeke, que acabamos de citar, mas agora ele terá pais deprimidos.

ZEKE

No ônibus a caminho de casa, Zeke se sente péssimo por ter arranjado problemas na escola. Ele sabe que, provavelmente, o pai está em casa, deitado no sofá, onde passa muito tempo desde que foi demitido. Quando entra, Zeke vê que é isso mesmo. O pai está deitado no sofá, os olhos fechados, com o animado pano de fundo do ESPN Sport Center. Zeke cumprimenta o pai e lhe entrega o bilhete. Ele adora o pai e não entende por que ele não faz mais nada. O pai lê o bilhete e muita dor surge em seu rosto. O pai suspira. "Não faça isso de novo, Zeke. Não é assim que você deve se comportar." Zeke se enche de vergonha ao perceber que SEU mau comportamento é que entristece o pai. "Não farei, papai", murmura. Ele fica lá mais um momento, mas o pai fecha os olhos e parece voltar a cochilar. Zeke se afasta em silêncio.

Se seu pai deprimido não for ajudado, o resultado para Zeke não será bom. Vai crescer sentindo que tem de ser uma criança de comportamento perfeito para que o pai não se sinta pior. Esse padrão pode se entranhar em sua personalidade, e ele terá muita dificuldade de virar o barco, cometer erros ou se dar permissão para ser um humano imperfeito.

Pais deprimidos têm pouca energia ou entusiasmo pelo trabalho de criar filhos. Ao contrário dos narcisistas, que exigem atenção, em geral, os pais deprimidos parecem desaparecer. Voltam-se para dentro, concentram-se em si e no que há de errado com eles, com medo de não aguentar. Têm pouca energia e pouco a dar. É como se sumissem da vida da família. E, quando *estão* presentes, podem se mostrar irritados ou tristes. Diante disso, os filhos de pais deprimidos não sabem como obter de forma positiva a atenção dos adultos. O bom comportamento não é notado, e o mau comportamento provoca no mínimo alguma atenção, por mais negativa que seja.

O resultado desse tipo de negligência emocional é bem documentado. Na escola, os filhos de pais deprimidos têm maior probabilidade de serem considerados problemáticos do que os de pais não deprimidos. Como os pais deprimidos dão pouco consolo ou incentivo, os filhos não sabem como se consolar e podem recorrer a álcool e drogas na adolescência. Como os pais deprimidos parecem explorados, assediados ou sobrecarregados com as exigências comuns da criação dos filhos, nem sempre esses filhos aprendem que têm valor e correm o risco de também se tornarem deprimidos na idade adulta. Finalmente, como os pais deprimidos têm controle inadequado do próprio comportamento, os filhos correm o risco de também se descontrolarem.

───── MARGÔ ─────

Margô se acha a durona. Com 16 anos, foi expulsa da escola por beber no banheiro feminino e fornecer maconha ao time de softball. Está recebendo aulas em casa. Disse aos pais que não tem absolutamente nenhuma intenção de parar de ir a festas. Quando os pais fazem tentativas mornas de estabelecer limites, ela sai porta afora e fica na casa de uma amiga. Margô diz às mães dos amigos que seus pais são horríveis com ela, e todos lhe demonstram empatia. Infelizmente, os pais de Margô são apáticos demais para procurar os outros pais, e a descrição que a filha faz de suas atrocidades é aceita. Em casa, Margô fica no quarto e conversa com homens pelo Skype. Choca as amigas quando lhes conta os episódios ousados de sexo por vídeo.

Elaine e Bruce, pais de Margô, são boas pessoas. Fazem doações a instituições de caridade, frequentam a igreja e são gentis e respeitosos com todo mundo. Mas, cada um a seu modo, são deprimidos. São um pouco mais velhos do que os pais dos amigos dela porque adotaram Margô depois de anos de tratamento infrutífero de fertilidade. Têm muito dinheiro, graças a uma quantidade substancial de antigas ações da Microsoft. Mas Elaine nunca superou os catorze anos que passou tentando engravidar. Com frequência, quando volta para casa, Margô encontra a mãe no sofá, às vezes ainda de pijama. Isso a deixa com raiva, e nessas ocasiões ela demonstra desprezo e provoca a mãe. O pai não está muito mais envolvido com Margô. Ele se sente vazio e sem propósito desde que parou de trabalhar. Vai à biblioteca e faz cursos para passar o tempo. Margô se lembra de ocasiões divertidas com ele quando pequena, mas ele se distanciou depois que a esposa ficou mais deprimida. Normalmente, ele leva comida pronta para casa, porque Elaine não cozinha muito. Então, simplesmente se senta ao lado da mãe de Margô na poltrona para assistir à TV e cochilar.

Quando estava mais ou menos no 8º ano, Margô costumava pensar muito nos pais tristes e arrependidos em seu funeral, caso ela morresse. Imaginar pais e amigos chorando ajudava um pouco quando ela se sentia triste. Esses pensamentos ficaram tão frequentes que ela começou a pensar em se matar de verdade. Quando teve uma overdose e foi parar no pronto-socorro e, depois, num hospital psiquiátrico, os pais aparentemente acordaram e prestaram atenção a ela. Ultimamente, eles lhe dizem que a amam e perguntam se está se sentindo segura quando vai se deitar, como o psicólogo lhes disse que fizessem. Eles se preocupam com ela e a questionam sempre que fica tempo demais no quarto. No que diz respeito a Margô, receber finalmente alguma atenção é ótimo! Mas ela teme que, se ficar feliz demais, eles parem de se preocupar e voltem a ser como antes. Ela acha que já está vendo isso acontecer.

Talvez você fique contente ao saber que os pais de Margô, na verdade, não voltaram a ficar deprimidos e emocionalmente distantes. Todos receberam ajuda, e Margô está melhorando.

Nem todos os lares com pais deprimidos são tão extremos quanto os de Zeke e Margô. Mas, quando a mistura tóxica de desatenção e distância dos pais deprimidos persiste por mais tempo, o resultado é a negligência emocional da criança em desenvolvimento.

TIPO 7: PAIS VICIADOS EM TRABALHO

Em geral, o vício em trabalho é considerado positivo em nossa sociedade. O seriado *Um maluco na TV* retrata bem o *workaholic* no personagem do empresário superambicioso Jack Donaghy, representado por Alec Baldwin. Numa cena engraçada, deitado no leito do hospital depois de ter sobrevivido por pouco a um infarto induzido pelo estresse no trabalho, ele diz com grande emoção: "Chegar tão perto da morte me mostrou que levei minha vida de um jeito completamente errado". Quando o personagem de Tina Fey se inclina para ouvir melhor a sabedoria que ele está prestes a transmitir, ele sussurra com voz fraca: "Eu deveria ter trabalhado *mais* horas e me dedicado *mais* ao serviço".

"Espere só sua babá chegar."

Em nossa economia capitalista, valorizamos o trabalho duro e o alto salário. De todos os vícios supramencionados (como álcool, drogas, compras e jogos), o trabalho é o único que realmente traz dinheiro *para dentro* de casa. Em geral, os viciados em trabalho são pessoas motivadas, bem-sucedidas, admiradas e vistas como exemplo por colegas, familiares e comunidade. Infelizmente, com frequência, seus filhos sofrem em silêncio. Os pais *workaholics* trabalham muitas horas, são obcecados pelo emprego e tendem a dar atenção inadequada às necessidades e aos sentimentos dos filhos. Para piorar, os filhos dos viciados em trabalho recebem pouca empatia dos outros, pois costumam ter pais bem-sucedidos, com bastante dinheiro e coisas bacanas. Quando põem o trabalho em primeiro lugar, os pais *workaholics* transmitem aos filhos a mensagem de que seus sentimentos e suas necessidades têm menos importância (e prejudicam o amor-próprio dos filhos). Por não participarem ativamente das realizações e dos triunfos dos filhos, sem querer transmitem a mensagem de que essas conquistas não importam (e prejudicam a autoestima dos filhos). Algumas crianças se rebelam na escola ou usam álcool e drogas para chamar a atenção dos pais. Outras crescem com amor-próprio inadequado, baixa autoestima e nenhuma compreensão de como se tornaram assim. Como se consideram privilegiadas e não destituídas, culpam a si mesmas pelas dificuldades interiores. Pouco amor-próprio, baixa autoestima e culpar a si mesmo levam rapidamente à depressão.

SAM

Aos 19 anos, quando me procurou para a terapia, Sam era calouro numa faculdade particular caríssima e estava muito deprimido. Seu desempenho acadêmico vinha caindo devido à grande dificuldade que sentia para se levantar da cama pela manhã. Em geral, ele perdia a batalha, passava o dia todo dormindo e faltava a todas as aulas. Ele desprezava a si mesmo e me exprimiu isso da seguinte maneira: "Sou patético. Meus pais trabalharam muito para me dar uma vida melhor do que a deles e me proporcionaram todas as vantagens. E aqui estou eu, jogando tudo fora, e não tenho nenhuma desculpa".

Para entender o que estava acontecendo com Sam, primeiro é preciso entender seus pais. Os pais de Sam se conheceram no ensino médio e se casaram quando tinham 19 anos. Os dois vinham de famílias empobrecidas e sem instrução. Embora fossem bastante inteligentes, nenhum deles teve a oportunidade de fazer faculdade devido à situação financeira. Desde o momento em que se casaram, sabiam que teriam de trabalhar muito para dar uma vida decente a si e aos filhos. O pai de Sam trilhou seu caminho de operário da construção civil a administrador de obras no país inteiro. Embora isso lhe exigisse viagens frequentes, o salário subiu mais do que ele seria capaz de imaginar. Enquanto isso, a mãe de Sam começou trabalhando na recepção de um hotel. Também subiu na carreira e se tornou secretária-executiva do presidente da empresa, com um salário também impressionante. Infelizmente, parte de seu serviço era pular quando o presidente dissesse que pulasse. Ou seja, eram muitas ligações no meio da noite, reuniões que iam até tarde e viagens de negócios sem aviso prévio. Quanto mais importante ficava o cargo dos pais, mais empolgados e interessados no trabalho eles se tornavam. Estavam indo muito além de seus sonhos mais loucos, e não lhes ocorreu que podiam parar ou reduzir o ritmo.

Com o passar dos anos, conforme a carreira deles avançava, Sam foi aos poucos perdendo os pais. Sam, seus pais e todos comentavam com frequência a sorte dele, pois a família vivia se mudando para casas maiores e comprando carros melhores. Quando o menino tinha 9 anos, os pais contrataram sua primeira babá. Todos viam o que Sam ganhava em termos materiais, mas a perda gradual dos pais era invisível. Entre os 9 e os 19 anos, Sam passou de criança com pais atentos e amorosos a estudante universitário criado por uma babá que agora precisava ter bom desempenho na faculdade.

Todos sabem que, quando o pai ou a mãe morrem, a criança sofre tristeza, pesar e, talvez, depressão. Mas ninguém acha que isso acontece quando a criança perde o pai ou a mãe para o sucesso. Como Sam não tinha consciência da perda dos pais, não compreendia a tristeza e os sintomas da depressão. Naturalmente, supôs que ele mesmo causara aquilo. Isso lhe provocou muita raiva, culpa e baixo amor-próprio durante a adolescência e também na vida adulta.

ZEKE

> *Zeke entrou na casa linda e espaçosa e entregou o bilhete ao pai, que tinha passado em casa para trocar de roupa antes de uma reunião noturna. A mãe estava viajando a negócios. Com ar desapontado, o pai espiou Zeke por cima dos óculos de leitura. "Isso não é bom, Zeke. Desculpe, tenho de sair correndo para a reunião, mas vou entregar o bilhete a Trish (a babá) e ela vai conversar sobre isso com você mais tarde."*

Talvez você se pergunte o que há de tão ruim nessa situação. Afinal de contas, Zeke tem uma casa linda, um pai obviamente carinhoso, embora ocupado, e uma babá que cuida dele. Infelizmente, a realidade é que, mesmo que a babá seja uma cuidadora maravilhosa e sintonizada que diga as coisas certas ao interagir com Zeke, isso ainda constitui negligência emocional. Como o pai de Zeke transfere o problema para a babá, o menino recebe a mensagem claríssima de que o trabalho do pai é mais importante do que as lições de vida do filho. Mais tarde, provavelmente Zeke recordará o que *aconteceu*: a reação nada indelicada do pai, a conversa que a babá teve com ele e, talvez, até o que aprendeu com aquilo. Ele não perceberá nem recordará que o pai não foi capaz de tirar um tempo do trabalho para falar pessoalmente com ele sobre o bilhete, nem a mensagem de desimportância que recebeu do pai naquele dia. Em vez disso, é muito possível que o menino desenvolva baixo amor-próprio. Ele tem a oportunidade de processar e entender os eventos que *aconteceram*, mas não tem a mínima chance de processar que não pode recordar *o que não aconteceu.*

TIPO 8: PAIS QUE CUIDAM DE ALGUÉM NA FAMÍLIA COM NECESSIDADES ESPECIAIS

Não há nenhuma categoria de pais que mereça MENOS estar num livro sobre negligência emocional do que os que cuidam de alguém doente ou com deficiência grave na família. Mas aqui estão eles, embora sem culpa alguma, porque a vida lhes enviou um desafio que, com frequência, foge de seu controle. Leia a conversa que os pais Tom e Patty têm com a filha Miranda, de 13 anos, a mais nova dos três filhos:

"Você nos ajuda tanto, Miranda", diz Tom, o pai.

"Isso mesmo!", corrobora Patty. "Sei que tem sido muito difícil ultimamente, com Patrick internado outra vez para colocar uma nova válvula. Seu irmão Steven só reclama. Mas você é o nosso esteio!"

Veja como são as coisas na família Smith, em que o irmão mais velho de Jack, de 10 anos, sofre de problemas comportamentais e emocionais associados ao autismo:

"Sei que é muito chato Todd pegar suas coisas", diz o pai. "Sei que é difícil ouvir os ataques dele, que aumentaram muito desde que a medicação foi trocada. Sinto muito que o jogo de basquete tenha sido interrompido, mas sua mãe precisava de ajuda com Todd. Você merece mais. Mas, sabe, Jack, por enquanto todos precisamos ser bons uns com os outros e ter paciência. Todd não consegue controlar seus problemas. Eu e sua mãe fazemos o possível. Tudo vai melhorar.

Finalmente, veja o que acontece na casa de Zeke:

Zeke entra na cozinha, e a porta de tela bate. Ele avança pela casa com medo, porque sabe que terá de mostrar à mãe o bilhete da professora. Zeke se sente péssimo porque será mais um fardo para a mãe carregar, quando ela já tem tantas preocupações. Logo, a mãe de Zeke vem de outra parte da casa, o dedo sobre os lábios. "Psiu, Zeke! Seu pai está dormindo. Ele passou muito mal esta noite." A princípio, Zeke sente uma gigantesca onda de alívio. Ele tinha esperança de que o pai estivesse dormindo para que só tivesse de lidar com a reação da mãe ao bilhete. Mas logo o alívio é substituído por vergonha. "Meu pai está doente e eu só me preocupo comigo. Sou uma pessoa ruim."

Quando a criança cresce com uma doença grave na família, seja de um dos pais, seja de um irmão, os cuidados que normalmente lhe seriam dedicados ficam comprometidos. Miranda, Jack e Zeke não têm liberdade para serem quem são. Observe que Zeke se sente culpado por viver situações e ter sentimentos normais (levar para casa um bilhete da professora e torcer para não haver problemas).

Em geral, o pai ou a mãe cuidador(a) fica sobrecarregado(a) e pede ao filho saudável, implícita ou explicitamente, que ajude com altruísmo. A vida numa casa com uma criança ou um adulto doente costuma estar em modo de crise. Por exemplo, enquanto um dos pais vai com frequência ao hospital, a criança emocionalmente negligenciada aquece uma refeição congelada e come sozinha diante da TV. Ou se vê entreouvindo constantemente partes de conversas médicas que não deveria escutar e não entende. A criança é levada aos jogos de futebol pelos pais dos outros. E se acostuma a ver os pais irritados com ela por qualquer coisa.

Pais em lares doentes normalmente reconhecem que há um impacto sobre a criança saudável. Podem conversar com ela, tentar lhe perguntar como está e oferecer o apoio possível. Têm consciência de todo o tempo passado com o familiar doente e até se preocupam com isso. Assim, esses pais parecem ser os últimos que negligenciariam emocionalmente o filho saudável. Porém, vários estudos examinaram a percepção tanto dos pais quanto do filho saudável no lar onde há um doente. Nesses estudos, pede-se aos pais e ao filho saudável que classifiquem como este último está. O resultado mostra de forma constante que os pais consideram que o filho saudável está "bem", enquanto este mesmo filho se percebe sob uma luz muito mais negativa. Conclusão: quando estão (ou se sentem) impotentes para mudar as coisas ruins da vida dos filhos, os pais tendem a minimizar o efeito dessas coisas ruins. Além de minimizarem inconscientemente a angústia do filho, sem querer eles o sobrecarregam com uma maturidade que, na verdade, ele não é capaz de ter. Esses pais precisam e esperam que o filho saudável seja tão compassivo, altruísta e paciente quanto eles mesmos precisam ser.

Às vezes, uma doença na família influencia a infância inteira. Nesses casos, a criança provavelmente desenvolverá comportamentos quase adultos que só vão desmoronar na adolescência.

STUART

O pai e a mãe de Stuart o trazem à terapia porque, dizem os dois, com 15 anos ele se tornou "muito negativo". A princípio, o menino fica quase calado em várias sessões, ressentido por ser forçado a vir aqui, e se recusa a falar muito. Vejo imediatamente que os pais de Stuart estão preocupadíssimos com Larry, irmão mais velho de Stuart, cuja doença o torna extremamente vulnerável a infecções.

Percebo isso porque, na entrevista, enquanto tentam contar a história do desenvolvimento de Stuart, seus pais acabam sempre voltando ao assunto de Larry e parecem não ter consciência de que agem desse modo. Com base nisso, sei que Stuart, como muitos irmãos de crianças doentes, guardou dentro de si durante muitos anos as necessidades e emoções negativas.

É claro para mim que Stuart finalmente chegou a um ponto de ruptura. A fachada está desmoronando e ele não consegue mais ficar "bem". O colapso da atitude estoica de Stuart é inevitável, mas misterioso para os pais. Eles se perguntam onde foi parar o filho agradável e prestativo, e o trouxeram à terapia para "consertar" a atitude negativa.

Depois de algumas sessões sozinho comigo, Stuart começa a falar. Explica que não leva amigos para casa porque se sente culpado de ter amizades normais enquanto Larry não pode tê-las. Também teme que os amigos não entendam alguns comportamentos esquisitos de Larry. E se sente culpado por ter vergonha do irmão, que ele ama.

Portanto, aqui está ele no consultório, se sentindo culpado por causar mais problemas aos pais, faminto por atenção, ressentido porque os pais não reconhecem sua tristeza e incapaz de pôr tudo isso em palavras. Quando, depois de algumas sessões, Stuart causa um incidente em casa no qual fica muito zangado e expressa isso verbalmente, os pais me dizem que a terapia está "fazendo Stuart piorar". Incentivo Stuart a responder, e ele dispara: "Tudo sempre é sobre Larry. Vocês até saíram mais cedo de meu jogo no campeonato para buscar o remédio dele!". Os pais começam a protestar: dizem que foram só alguns minutos e que ele está sensível demais. Nesse momento, intervenho com firmeza: "O problema é exatamente esse. Stuart não tem permissão de dizer como se sente. Quando diz, vocês

> *o chamam de sensível demais. Larry não é o único filho que precisa de ajuda. E suas boas intenções ao ajudar Larry estão interferindo na sua capacidade de serem pais de Stuart. Vocês o levam a se sentir culpado por ter sentimentos e necessidades".*

Esse momento difícil no consultório foi um ponto de virada para Stuart. Por sorte, seus pais acabaram entendendo que a doença de Larry tolheu o crescimento social e emocional de Stuart por um bom tempo e o fez guardar culpa, raiva e tristeza. Embora tivessem levado Stuart à terapia na esperança de que *ele* mudasse, a mudança *dos pais* foi tão ou mais drástica do que a do filho.

A razão de não terem notado as dificuldades de Stuart era que ele não deu trabalho quando criança. Os pais de Stuart finalmente perceberam que era o que esperavam dele durante a doença do irmão: nenhum problema. Com essa consciência, começaram a prestar mais atenção aos sentimentos e às necessidades do filho mais novo. Se conseguirem continuar assim durante toda a adolescência de Stuart, o efeito da negligência emocional poderá ser revertido, e Stuart se tornará feliz e saudável.

TIPO 9: PAIS CONCENTRADOS EM PERFEIÇÃO/REALIZAÇÕES

Os pais concentrados em perfeição e realizações raramente parecem satisfeitos. Quando o boletim do filho só tem notas 8 e 9, dizem: "Na próxima vez, quero tudo 10". Esses pais têm algo em comum com os pais narcisistas de que já falamos. Na verdade, muitos comportamentos são semelhantes. Vários pais narcisistas se concentram na perfeição porque querem que os filhos lancem uma luz favorável sobre eles. Em outras palavras, "se meu filho só tirar 10, vão me achar excelente". Esse "efeito espelho" existe em muitos pais Perfeição/Realizações (vamos chamá-los de pais PR para abreviar), mas nem sempre. Os pais PR podem ser motivados por vários outros fatores.

Nem todos os pais PR são emocionalmente negligentes. Muitos pais de atletas olímpicos, pianistas eruditos e jogadores profissionais de beisebol podem ser considerados PR por motivarem e incentivarem os filhos para serem os melhores. Mas a diferença entre os pais PR negligentes e não negligentes é o apoio. Os pais PR saudáveis *dão apoio* aos filhos para atingir o que *os filhos* querem. Os pais PR não saudáveis *pressionam* os filhos para atingir o que *os pais* querem.

Alguns pais PR pressionam os filhos para ter sucesso porque estão desesperados para que tenham as oportunidades que eles não tiveram. Muitos agem com base na sensação de que eles mesmos têm de ser perfeitos. Alguns tentam viver a própria vida por meio dos filhos. Outros pais PR talvez criem os filhos como foram criados por ser o que conhecem.

Quando o jovem Zeke entrega o bilhete à mãe PR, o que você acha que ela diria?

ZEKE

"Zeke, como você pôde se comportar dessa maneira na escola? Agora a sra. Rollo pode mudar de ideia sobre sua carta de recomendação para conseguir vaga na Escola Superior para Crianças Acima da Média! Precisamos ligar agora mesmo para a sra. Rollo e resolver isso."

Ou a Mãe PR nº 2:

"Zeke, você sabe que não deve equilibrar o lápis no dedo com a ponta para cima! A sra. Rollo está certa. Se você furasse um olho, isso atrapalharia seu avanço no piano. Como estudar sem ler a partitura?"

Ou a Mãe PR nº 3:

"Zeke, estou desapontadíssima com você. Fiz tantos sacrifícios para você frequentar essa escola cara. Se a sra. Rollo vir você como criança-problema, tudo o que fiz por você será arruinado. Você precisa pensar no futuro!"

Observe que essas três reações parecem visar ao bem de Zeke. Essas mães PR estão claramente preocupadas com o filho e querem o melhor para ele. O problema é que as três negligenciam Zeke emocionalmente com suas respostas. Nenhuma delas aborda a necessidade de Zeke de aprender a controlar seus impulsos. Nenhuma aborda a sensação recente de Zeke de ser tratado como bebê pelos irmãos. Nenhuma dessas respostas fala a Zeke sobre algo importante para *ele*. Todas elas abordam a necessidade da mãe, e não a de Zeke. Abordam o futuro de Zeke, mas ele não tem idade para se preocupar ou entender isso. Tiram a oportunidade de Zeke aprender algo sobre si, sua natureza, seus sentimentos e como lidar com figuras de autoridade. Com o tempo, para absorver a mensagem simplista "seja bom para ter sucesso", Zeke terá de sufocar muitos sentimentos e necessidades. Isso pode funcionar bem na infância, mas, quando chegar à adolescência e à idade adulta, faltará algo dentro dele: autoconhecimento, consciência emocional e amor-próprio.

───── TIM ─────

Tim foi literalmente arrastado pela esposa Trish para a terapia de casais. Na primeira sessão, foi difícil fazer Tim falar. A única coisa que exprimiu quando falou foi que estava decepcionado consigo e com Trish. "Nós nos amamos, e isso deveria bastar. Mas nada é suficiente para Trish", disse ele. Quando lhe pedi que continuasse, ele só disse: "Não consigo ver por que ela não deixa as coisas pra lá. Por que não consegue simplesmente ser feliz?".

Se eu levasse isso ao pé da letra, poderia pensar, naquele momento, que Trish era uma pessoa difícil de conviver. Mas, por ter trabalhado com muitos casais, pude ver que, claramente, havia muito mais nessa história. Quando fiz perguntas a Trish, ela começou a chorar. Eis o que me disse sobre as razões para ter levado Tim à terapia:

"Ele diz que está feliz no casamento, mas não me parece feliz. Volta irritado do trabalho. É um pai maravilhoso, mas às vezes briga com as crianças se o comportamento delas não é perfeito. É muito duro com ele mesmo. Com apenas 40 anos, já é vice-presidente da empresa, mas ainda se sente inadequado porque acha que já deveria ser o presidente executivo. Quando tento conversar, ele me rejeita. Sei que está sofrendo e quero ajudar, mas não consigo. Neste momento, eu o amo, mas não consigo mais viver assim. Por favor, nos ajude para continuarmos juntos."

Vamos fazer um momento de pausa e pensar em Tim. Já nos quinze minutos da primeira sessão, desconfiei intensamente de que ele tinha sofrido negligência emocional quando criança. Aqui estão os sinais que consegui ver nele (quando ler o Capítulo 3, você aprenderá muito mais sobre esses sinais):

- Irritabilidade;
- Perfeccionismo, evidenciado pela falta de tolerância com os erros dos filhos;
- Falta de consciência emocional, evidenciada em "por que ela não consegue simplesmente ser feliz?";
- Contradependência, evidenciada pela decepção com ele mesmo por precisar de ajuda e pela recusa em aceitar ajuda de Trish;

- Falta de compaixão por si mesmo, evidenciada pelo relato de que Tim se sente inadequado por ser vice-presidente e não presidente-executivo.

> *Depois de meia dúzia de sessões com o casal, Tim finalmente se dispôs a fazer algumas sessões individuais. Nelas, descobri que os pais de Tim, embora amorosos, o criaram com uma única meta primária: ter sucesso. Seu estresse, sua luta, as realizações e habilidades na infância eram todos vistos pelos pais pela lente do "futuro". Tim aprendeu que seus sentimentos, necessidades e experiências não tinham nenhuma relevância. Só o que importava era: "O que isso significa para seu futuro?". Tim entrou na idade adulta, casou-se e teve seus filhos com pouquíssimo conhecimento sobre si mesmo, suas emoções ou como se conectar com os outros, inclusive a esposa.*

Felizmente, como Tim conseguiu se abrir e me contar tudo isso, pudemos abordar o problema. Depois de algumas sessões individuais, ele foi capaz de aplicar ao casamento e aos filhos a autoaceitação, a compaixão e a tolerância recém-descobertas.

Quando o filho é tratado pelos pais PR como se seus sentimentos e suas necessidades emocionais não importassem, uma parte profundamente pessoal da criança é negada. Essa parte se transforma no elefante na sala. Ninguém quer vê-lo nem saber dele, mas essa é a parte da criança que é mais *ela*. A única maneira que a maioria dessas crianças tem para se adaptar, conviver e crescer na família é participar da negação e fingir que o eu emocional não existe. Não admira que as crianças negligenciadas cresçam com um espaço vazio na noção de eu, no amor por si mesmas e na capacidade de se conectar emocionalmente com os outros.

TIPO 10: PAIS SOCIOPATAS

Provavelmente, esse será o tipo mais surpreendente de que falarei neste livro. Mesmo tendo 100% de certeza de que essa categoria não se aplica a você, recomendo que leia esta seção.

Em quem você pensa quando ouve a palavra "sociopata"? Hannibal Lecter? Tony Soprano? Mussolini? Essas são mesmo representações famosas do conceito. Mas são as versões mais extremas, dramáticas e óbvias da sociopatia. O tipo de sociopata que nos interessa é diferente. Esse sociopata possivelmente nunca desrespeitou a lei, nunca foi preso e é muito menos óbvio, mas bem mais comum. Esse sociopata pode ser seu vizinho, seu irmão, sua mãe ou seu pai. Pode se esconder atrás da manicure perfeita, do excelente emprego, do trabalho voluntário ou da Associação de Pais e Mestres. A maioria nem pensaria nessa pessoa como sociopata. Na verdade, ela pode ter carisma e atrair os outros. Pode ser admirada e, para muitos, parecer altruísta e bondosa. Mas, no fundo, não é uma pessoa como as outras. Às vezes, ninguém consegue ver que há algo errado, a não ser os mais próximos. Em geral, os filhos conseguem sentir, o que não significa que entendam.

Há uma característica principal que separa os sociopatas das outras pessoas. Podemos explicá-la com uma só palavra: consciência. Em resumo, o sociopata não sente culpa. Por isso, está livre para fazer praticamente qualquer coisa sem se cobrar internamente por isso. O sociopata pode dizer ou fazer o que quiser e não se sentir mal, nem no dia seguinte, nem nunca. Ao lado da falta de culpa, vem uma profunda falta de empatia. Para o sociopata, os sentimentos dos outros não fazem sentido, porque ele não tem nenhuma capacidade de senti-los. Na verdade, os sociopatas não sentem nada como nós. Suas emoções operam num sistema muito diferente, que gira em torno de controlar os outros. Quando consegue controlar alguém, o sociopata pode até sentir algum amor por essa pessoa. O outro lado da moeda é que, se não obtiver o controle, desprezará aquela mesma pessoa. Ele usa meios escusos para obter o que quer e, se não der certo, agredirá. Se novamente não der certo, vai retaliar para tentar magoar o alvo.

O fato de não ter consciência libera o sociopata para usar quaisquer meios escusos para obter o que quer. Pode ser verbalmente implacável. Pode retratar falsamente as coisas. Pode distorcer as palavras dos outros para atingir seus objetivos. Pode culpar os outros quando a situação desanda. Não é necessário que assuma seus erros, porque é muito mais fácil culpar outra pessoa. O sociopata descobriu o valor de se fazer de "vítima" e usa isso com virtuosismo.

De acordo com a dra. Martha Stout, que escreveu *Meu vizinho é um psicopata*, o indicador mais confiável de que estamos lidando com um sociopata é que a pessoa parece nos magoar de propósito e continua a agir normalmente como se não tivesse feito nada errado, como se você não devesse se magoar. Se alguém fizer várias vezes isso com você, é bom pensar na possibilidade de que está lidando com um sociopata.

Quando essa pessoa é um dos pais, a percepção pode ser dolorosíssima, mas também libertadora e capaz de mudar a vida. Tipicamente, os filhos de sociopatas tentam desesperadamente entender o comportamento dos pais. Podem ser muito criativos na tentativa de explicar o inexplicável. Eis algumas das muitas desculpas que já ouvi de filhos adultos de sociopatas que tentavam entender o comportamento doloroso, desleal ou impiedoso do pai ou da mãe.

"Ele é ansioso."

"Ela não falou de propósito."

"Há algo errado no cérebro dela."

"Ele se preocupa demais."

"Ela não consegue evitar."

"Ele teve uma infância difícil."

Para entender melhor o que esses filhos adultos estão tentando explicar, vamos ver Zeke outra vez logo depois de entregar o bilhete à mãe sociopata:

ZEKE

Zeke observa a mãe ler o bilhete. Ele vê os lábios dela se comprimirem numa linha fina e dura de desprazer.

"O quê?! Como pôde fazer isso, Zeke? Estou morrendo de vergonha por você se comportar assim na escola."

Os olhos de Zeke começam a se encher de lágrimas. "Eu...", ele começa a dizer.

A mãe o interrompe. "Nem uma palavra sua. Não quero que você fale comigo. Nem me olhe. Vá para seu quarto agora mesmo e escreva cinquenta vezes "Nunca mais vou criar problemas na escola" em letra cursiva. E tem de ficar legível. Só quero ver sua cara quando terminar, ou seja, nada de jantar para você."

Depois de passar quatro horas no quarto escrevendo e chorando, chorando e escrevendo, Zeke consegue repetir a frase apenas vinte vezes, nenhuma delas com letra de mão. Ele sente um terror frio no coração, porque sabe que a mãe ficará furiosa quando vir que usou letra de fôrma. Mas não há esperança, porque nessa idade ele ainda não domina a letra cursiva, que acabou de lhe ser apresentada na escola. Mas está triste, com fome e terrivelmente culpado por ter irritado tanto a mãe. Ele desenha um coração no pé da página para a mãe e, com cautela, sai do quarto e vai até onde ela assiste à TV.

"Mãe, só consegui fazer vinte vezes. Juro que não vou criar problemas de novo. Posso parar? Por favor...", diz ele timidamente. A mãe de Zeke não afasta os olhos da TV e não vê o cabelo desgrenhado, nem o rosto do filho marcado pelas lágrimas e pela exaustão. "Volte para seu quarto agora", rosna ela. "Senão, vou lhe dar razão para chorar de verdade. E, por ter saído do quarto antes da hora, pode escrever mais dez vezes." Ameaçadora, ela se levanta e começa a andar na direção de Zeke. O filho sabe que está na hora de recuar. Corre para o quarto, se joga na cama e chora até adormecer.

Observe que nessa interação a mãe da Zeke exibiu uma falta extrema de familiaridade com o próprio filho. Ela não tem consciência do que ele consegue ou não fazer em termos de desenvolvimento (se sabe ou não escrever com letra cursiva), nem de seus sentimentos (empatia). Também demonstrou uma necessidade extrema e insalubre de exercer poder sobre ele (controle). Além disso, mostrou crueldade e disposição de magoar emocionalmente o filho que beiram o sadismo (ter prazer em ferir os outros). Embora punições duras e extremas sejam a marca registrada da sociopatia, nem todos os pais sociopatas impõem necessariamente consequências extremas. Alguns não castigam e exercem a necessidade de controle de outra maneira, pelo uso da culpa ou pela manipulação nos bastidores, por exemplo. O fator comum a todos os pais sociopatas é que, para eles, criar um filho é como todas as outras coisas e se resume a poder e controle.

WALLACE

Wallace, de 47 anos, veio à terapia depois da morte do pai idoso. Não porque precisasse de ajuda com o luto, mas por causa do extremo fardo de culpa na relação com a mãe. Wallace mora a duas horas de carro dos pais, mas, nas duas últimas décadas, só os visitou uma vez por ano, se tanto. Quando examinei isso com ele, ficou claro que, desde que se lembrava, ele se sentia culpado por isso. Wallace me contou que se sentia um filho ingrato e insensível por não visitar suficientemente os pais. Mas disse que, em quase todas as visitas, fica deprimido ou fisicamente doente. "Por isso, não tenho vontade de ir lá. Minha mulher também detesta visitá-los, provavelmente porque minha mãe não gosta dela."

Wallace descreveu o pai recentemente falecido como um workaholic *que não estava muito presente nem se envolvia muito em sua vida. Descreveu a mãe como uma "pessoa difícil". Quando lhe perguntei a esse respeito, ele explicou: "Nada do que eu faço é suficiente para ela. Minha mãe não gosta de minha mulher, e acho que é principalmente porque pensa que minha mulher tira a atenção que eu deveria lhe dar". Wallace explicou que a mãe o considera um homem egoísta por visitá-la tão pouco e lhe diz isso, direta ou indiretamente, toda vez que eles se falam ou se veem. Com o passar dos anos, ela exprimiu de várias maneiras a decepção pela falta de devoção do filho a ela.*

Ele me contou uma história que, em resumo, mostra o estilo sociopata da mãe.

Em certo Natal, Wallace, sua mulher e os filhos decidiram aceitar o desafio e ceder aos desejos da mãe dele. Fazia quase um ano que não visitavam os pais de Wallace, e sabiam que precisavam manter as aparências na ceia de Natal preparada pela mãe. Ela ficou felicíssima com a ida do filho e chegou a fazer a receita de batata-doce que era a favorita dele quando criança. Parecia que a visita seria ótima, até que chegou a hora de abrir os presentes. Enquanto os netos rasgavam, empolgados, os embrulhos coloridos para ver o que tinham ganhado dos avós, o coração de Wallace se apertou. Ele percebeu que a mãe, novamente, exprimiu sua decepção com a falta de atenção dele. Dessa vez, ela deixou isso claro dando aos outros netos iPods caros e aos filhos de Wallace câmeras de brinquedo baratas, de plástico. Os filhos de Wallace agradeceram aos avós com educação. Mas ele percebeu que estavam perplexos e magoados com a diferença drástica entre os presentes deles e os dos primos.

Mais tarde, quando teve a oportunidade de falar em particular com os filhos, Wallace tentou lhes explicar a desigualdade dos presentes. Disse-lhes que os avós eram idosos e não percebiam que os presentes eram muito diferentes. Mas ele sentiu que não dava para deixar esse incidente impune. Sabia que teria de confrontar a mãe. Ele a encontrou a sós na cozinha e perguntou se os presentes eram um modo de lhe dizer alguma coisa. "Natal para você é só sobre presentes caros, Wallace? Você nunca ligou para nada, só para dinheiro. Ano que vem, gastarei mais com seus filhos, se isso o deixa feliz." Então, ela acrescentou: "Acho que é o que devo esperar de alguém que vive ocupado demais para visitar os próprios pais".

Naquela noite, na ceia, a mãe de Wallace agiu como se nada tivesse acontecido. Comportou-se como se fosse um Natal alegre, como se tudo estivesse bem, e parecia esperar que Wallace fizesse o mesmo.

Nessa única história da vida adulta do filho, a mãe exibiu *todas* as características de um sociopata. Tentou controlá-lo por meios dissimulados, atacou-o cruelmente e depois agiu como se o ataque não tivesse acontecido, mostrando-se como vítima (mãe negligenciada) e culpando Wallace (filho egoísta). Além disso, se dispôs a magoar os netos para atingir o filho.

Conforme Wallace e eu trabalhávamos, ele conseguiu ver, com o tempo, que a culpa que ele assumia estava mal direcionada. A mãe (e, por não intervir, o pai) o conduziu com esse tipo de controle e puniu os comportamentos durante a infância, a adolescência e a idade adulta. Ele ficava deprimido e doente nas visitas, porque não entendia o que estava acontecendo. Engolia as toxinas da mãe porque tinha crescido com elas e não conseguia ver o que realmente eram; por isso, em parte se culpava. Reconhecer a mãe como sociopata o ajudou a entender que precisava proteger a si e aos filhos da maneira que fosse necessária. Então, se libertou para se concentrar nisso, e não na culpa mal direcionada.

Se você tiver alguma dúvida sobre a sociopatia de seus pais ou de alguém em sua vida, consulte as Referências, ao final, e veja as informações sobre o livro *Meu vizinho é um psicopata*.

TIPO 11: FILHOS COMO PAIS

Esse tipo de pai ou mãe na verdade permite, incentiva ou força o filho a se comportar como se fosse pai ou mãe, e não uma criança. Às vezes, a criança precisa ser pai ou mãe de si mesma, às vezes também dos irmãos. Nos exemplos mais extremos, a criança pode até ser chamada a servir de pai ou mãe dos próprios pais.

Na grande maioria dessas famílias, há algum tipo de dificuldade extrema que força a criança a se tornar adulta de repente. Alguns tipos de criação de filhos de que já falamos são bons exemplos de famílias com dificuldades assim. Vejamos, por exemplo, a família enlutada, a que tem um membro doente ou aquela em que há um pai ou mãe viciado ou deprimido. Outro exemplo pode ser a família com dificuldades financeiras, em que os dois pais são forçados a trabalhar muitas horas. Em todas elas, há alguma razão para os pais reais não cumprirem as funções parentais, de modo que a criança precisa assumi-las.

ZEKE

> *Zeke, que está no terceiro ano, volta para casa com o bilhete da professora no bolso. Corre o mais rápido que pode, porque sabe que precisa estar em casa antes que a vizinha traga a irmã de 5 anos do jardim de infância. Ela é pequena demais para ficar sozinha em casa, e a mãe só volta do emprego de caixa do supermercado local às 20 horas. Zeke nem chega a se preocupar com o bilhete. Tem certeza de que a mãe não ficará nervosa, porque ela sabe que ele é responsável. A mãe depende dele e confia que vai tomar conta da irmã, preparar sanduíches com pasta de amendoim para os dois jantarem e pôr o pijama na irmã antes que ela volte do serviço. A mãe não vai gritar nem se preocupar.*

Aqui, a falta de preocupação de Zeke com a reação da mãe mostra que ele não se vê no papel de filho. Em essência, ele desempenha um papel de adulto, com toda a responsabilidade pela irmã caçula. Além disso, essa responsabilidade lhe dá um *status* de mais poder e autoridade com a mãe do que ele deveria ter. Na ausência do limite pais/filhos, Zeke não aprenderá nada com o incidente na escola. Nesse sentido, ele está perdendo a infância, o que aumenta o risco de comportamento mais rebelde na adolescência. Mas, a não ser que as circunstâncias mudem, é muito provável que ele se torne um adulto excessivamente responsável com dificuldade de saber o que sente, o que quer ou que essas coisas têm importância. É o preparo perfeito para o sentimento de vazio e desconexão de muitos adultos emocionalmente negligenciados.

Dito isso, é importantíssimo anotar algo importante:

Estar numa família prejudicada em algum aspecto — pais solteiros, pais doentes, irmão doente, dificuldades financeiras, por exemplo — não é, de modo algum, uma condenação à negligência emocional. Muitíssimos pais que enfrentam desafios como esses conseguem se manter sintonizados com os filhos e lhes dar os cuidados e a atenção de que precisam para se sentir conectados e com o "tanque cheio" quando adultos. Na verdade, passar muito tempo com os filhos nem é uma exigência para evitar a negligência emocional. Você pode ter consciência dos sentimentos dos filhos, ajudá-los a se entender e se manter sintonizado com suas necessidades emocionais sem passar um tempo imenso com eles. O tempo facilita, mas sua falta pode ser superada.

Para ilustrar essa questão importante, voltemos a Sally.

SALLY

Lembra-se de Sally, de quem falamos no Tipo 4, Pais enlutados? O pai de Sally morreu de câncer quando ela era pequena. A perda do pai causou um efeito profundo em sua personalidade e em seu funcionamento como adulta. Lembre-se de que ninguém disse às crianças que era provável que o pai morresse. A irmã, e não a mãe, disse a Sally "papai se foi". Depois que o pai de Sally morreu, a mãe raramente falou dele. Os filhos ficaram sozinhos em casa depois disso, a ponto de, em essência, cuidarem de si mesmos e se criarem, porque a mãe tinha de trabalhar muitas horas num emprego braçal para sustentar a família.

Que aspectos dessa situação você acha que levaram à sensação de vazio e de vida sem cor que Sally teve quando adulta? A morte do pai? As longas horas de trabalho da mãe depois da morte? As dificuldades financeiras que se seguiram?

A resposta não é nada disso. Todos esses fatores são coisas que *aconteceram*. São eventos. Os eventos em si não causam negligência emocional. Se a mãe de Sally, no fundo de seu próprio pesar, tivesse a capacidade de se sintonizar emocionalmente com as necessidades dos filhos, a situação seria muito diferente.

A causa da negligência emocional de Sally não foi a perda do pai. Nem o que *aconteceu* depois da morte dele. A causa, na verdade, foi *o que não aconteceu* antes e depois da morte do pai. Nenhuma comunicação dos pais sobre a doença. Nenhum preparo emocional dos filhos para o que aconteceria (a doença prolongada e a morte do pai). Nenhuma transmissão gentil e cuidadosa da notícia da morte. Nenhuma atenção dos pais e dos outros adultos da família à confusão, ao choque e ao pesar das crianças depois do falecimento. Não foi permitido que as crianças conversassem e contassem seus sentimentos em memória do pai, nem que entendessem seus sentimentos e dessem apoio emocional umas às outras.

Todos esses fatores são *a ausência* de algo. São o espaço em branco na foto da família, o fundo em vez do primeiro plano. Por isso Sally tinha tanta dificuldade, quando adulta, de ver o que estava errado com ela e por quê.

TIPO 12: PAIS BEM-INTENCIONADOS, MAS NEGLIGENCIADOS

Até os pais mais amorosos e bem-intencionados podem ser emocionalmente negligentes. Como observado no início deste capítulo, é provável que os pais BIMN formem o maior subconjunto de pais emocionalmente negligentes. Depois de ler sobre todos esses diversos tipos, provavelmente você está desenvolvendo a noção de que pais amorosos e atentos podem se enquadrar nessa negligência. É plenamente possível que os pais que amam e querem o melhor para os filhos os negligenciem em termos emocionais. A verdade é que *amar* os filhos é muito diferente de estar *sintonizado* com os filhos. Para o desenvolvimento saudável, não basta amar os filhos. Para estarem sintonizados com os filhos, os pais precisam ter consciência das emoções e entendê-las. Precisam ser observadores para ver o que os filhos podem ou não fazer conforme se desenvolvem. Precisam ser capazes de investir o esforço e a energia necessários para realmente conhecer os filhos, e estar dispostos a isso. Os pais bem-intencionados com problemas em

DOZE MANEIRAS DE ESVAZIAR SEU TANQUE • 95

qualquer uma dessas áreas correm o risco de falhar emocionalmente com a prole.

Para ter uma ideia melhor de como a criação de filhos no estilo BIMN funciona e se repete, voltemos a Zeke uma última vez.

———— ZEKE ————

Zeke volta a pé da escola para casa com o bilhete da professora no bolso. A mãe está na sala de estar, assistindo à TV. "Oi, Zeke, como foi a escola?", grita ela. Quando ele entra na sala e, nervoso, tenta lhe entregar o bilhete, ela lhe pede que espere um minuto até os comerciais. Ele fica ali um instante com o bilhete na mão e depois vai para o quarto jogar videogame. Deixa o bilhete na escrivaninha. No dia seguinte, a mãe acha o bilhete quando vai guardar a roupa limpa na gaveta do filho. Enquanto lê o bilhete, fica momentaneamente incomodada. Mas pensa consigo: "Caramba, a sra. Rollo faz tempestade em copo d'água" e deixa o bilhete e o problema para trás.

Nesse exemplo, a mãe de Zeke, embora amorosa, não está dando atenção ao nível dos *sentimentos* na vida. Não percebe o que o filho talvez esteja sentindo por ter de lhe entregar um bilhete da professora, como ansiedade ou consternação. Não vê razões para se preocupar com o desrespeito dele na escola porque está indiferente à conexão entre comportamento, sentimentos e relacionamentos (nesse caso, o relacionamento entre Zeke e a sra. Rollo). Ela não dá valor aos sentimentos da sra. Rollo e os considera um "exagero". São sinais claros de uma pessoa que não tem consciência nem contato com o mundo da emoção e vive principalmente na superfície da vida.

É bem possível que muitos pais de quem já falamos neste livro caiam nesta categoria além de seu próprio tipo. Vamos voltar e dar uma olhada em todos os pais que já mencionamos que têm potencial de ser BIMN:

- Os pais autoritários de **Sophia**, **Joseph** e **Renée**. Muitos pais autoritários foram criados por pais também autoritários. Amam os filhos, mas só conhecem a criação autoritária;
- Os pais permissivos de **Samantha** e **Eli** tinham a crença enganosa de que amar é deixar os filhos fazerem o que quiserem;
- A mãe enlutada de **Sally** amava os filhos e fez o que pôde para cuidar deles. Ela simplesmente não tinha habilidade emocional para entrar em contato com os sentimentos dos filhos, nem para ajudá-los a lidar com eles. É provável que os pais dela não tenham lhe ensinado essa habilidade;
- Os pais deprimidos de **Margô** claramente a amavam. Talvez não percebessem o que faltava na criação de Margô porque também não receberam isso dos pais;
- Os pais viciados em trabalho de **Sam** queriam lhe oferecer o melhor. Erradamente, achavam que a riqueza material resultaria numa criança feliz e bem ajustada;
- Os pais concentrados em perfeição e realizações de **Tim** o criaram assim e, por sua vez, era desse jeito que ele criava os filhos.

Provavelmente, nenhuma dessas pessoas bem-intencionadas fazia ideia de que não davam aos filhos o combustível de que precisariam para ter uma vida feliz e conectada. Estavam simplesmente recriando o que viveram na infância.

Um dos aspectos desafortunados da negligência emocional é que ela se autopropaga. As crianças que sofrem com ela crescem com um ponto cego sobre as emoções, tanto delas quanto dos outros. Quando se tornam pais, não têm consciência das emoções dos próprios filhos e os criam para ter o mesmo ponto cego. E isso se repete eternamente.

Haverá mais exemplos neste livro de pais bem-intencionados, mas negligenciados. Veja se consegue identificá-los ao ler a Parte 2.

PARTE 2
SEM COMBUSTÍVEL

3

A CRIANÇA NEGLIGENCIADA JÁ ADULTA

Pense na infância como o alicerce de uma casa e na idade adulta como a casa. Sem dúvida, é possível construir uma casa com alicerces em ruínas, e ela parecer igualzinha a uma casa bem construída. Mas, se for fraco, torto ou rachado, o alicerce não será uma fonte importante de força e segurança. Não é um defeito perceptível, mas pode pôr em risco a própria estrutura da casa: um vento forte e a casa cai.

Os adultos que cresceram emocionalmente negligenciados costumam parecer normais na superfície, mas é comum não terem consciência da falha estrutural de seu alicerce. Também não fazem ideia de que a infância teve seu papel nisso. Em vez disso, tendem a se culpar pelas dificuldades que enfrentam na vida. *Por que os outros parecem mais felizes do que eu? Por que é mais fácil dar do que receber? Por que não me sinto mais próximo das pessoas que amo? O que falta dentro de mim?*

Você conhecerá muitas pessoas nestas páginas — em geral, gente muito inteligente, agradável e adorável que enfrentou essas questões. São muito melhores em dar do que em receber. Tendem a guardar com muito cuidado o segredo de seu vazio, e é muito difícil para qualquer um notar o que falta. Só as pessoas mais próximas obtêm um levíssimo vislumbre.

A experiência de cada um é diferente. Há seis bilhões de pessoas no mundo, e não existem duas histórias iguais. Mas, quando lido com a negligência emocional, vejo determinados temas em comum que surgem nos adultos que cresceram assim. Neste capítulo, veremos alguns desses temas. Eles são:

1. Sentimento de vazio
2. Contradependência
3. Autoavaliação não realista
4. Sem compaixão por si, muita pelos outros
5. Culpa e vergonha: o que há de errado comigo?
6. Raiva e culpa autodirecionadas
7. A Falha Fatal (se me conhecessem de verdade, ninguém gostaria de mim)
8. Dificuldade em acolher a si e aos outros
9. Pouca autodisciplina
10. Alexitimia: pouco entendimento e consciência das emoções

As razões para as pessoas terem esses sentimentos são exclusivas da vida de cada um, mas as questões têm laços em comum. Você conhecerá a história de Laura, cujos pais não reagiram quando, com o passar dos anos, mais de um amigo se suicidou, o que a levou a acreditar que ela também não deveria reagir. Também vou lhes falar de Josh, cuja mãe se ocupava tanto com a carreira que não lhe dava nenhum feedback, positivo ou negativo, sobre o qual construir sua identidade. No fim de cada seção, vou listar alguns sintomas e sinais para ajudá-lo a determinar se você se encaixa nessa categoria.

Mas, antes de continuar lendo, uma ressalva. Ao ler os sintomas e sinais listados, talvez você pense: "Caramba, não conheço ninguém que não tenha alguns desses". E você estará certo. Todo ser humano tem algumas dessas características e dificuldades. Não se esqueça de que estou falando para pessoas com uma *luta significativa* contra esses problemas e que, ao lerem este livro, sentem intuitivamente que leem sobre si mesmas.

1. SENTIMENTO DE VAZIO

Poucas pessoas vêm à terapia por se sentirem vazias por dentro. Não é um transtorno em si e por si, como a ansiedade e a depressão. Nem é vivenciado pela maioria como um sintoma que interfira em sua vida. É mais uma sensação genérica de desconforto, de não estar com o tanque cheio, que pode ir e vir. Algumas pessoas a sentem fisicamente, como um espaço vazio no peito ou na barriga. Outros a sentem mais como uma dormência emocional. Você pode ter a sensação geral de que lhe falta algo que todos têm ou que está no lado de fora olhando para dentro. Alguma coisa não está certa, mas é difícil denominá-la. Você se sente meio afastado, meio desconectado, como se não apreciasse a vida como deveria.

Constatei que a maioria das pessoas emocionalmente negligenciadas que vêm à terapia por ansiedade, depressão ou problemas familiares, por exemplo, acaba exprimindo de algum modo esse sentimento de vazio. Tipicamente, o vazio é crônico e foi e voltou no decorrer da vida. Pode ser difícil imaginar o que levaria a pessoa a se sentir assim. A verdade está nas respostas emocionais dos pais durante a infância.

Vamos dar uma olhada em vários exemplos das causas desses sentimentos, o modo como se manifestam e os processos que os consertam. Para começar, vejamos um exemplo geral de vazio produzido por pais emocionalmente negligentes.

SIMON

Simon tinha 38 anos, era bonito e estava em boa forma quando procurou tratamento. O problema apresentado era a incapacidade de manter relacionamentos, apesar do interesse de muitas mulheres. Simon queria descobrir o que estava errado, o que o atrapalhava. Em todos os aspectos, era um excelente partido: bem-sucedido como analista do mercado de ações, tinha um Porsche e um lindo apartamento em Boston. Adorava paraquedismo e, como *hobby*, restaurava Porsches antigos e participava de corridas com eles. Seria exigente demais ao escolher mulheres? Teria medo de compromissos? Levamos algum tempo em nosso trabalho conjunto para o Simon real sair do esconderijo.

Ele era filho de pais ricos. Cresceu numa casa imensa com terreno enorme, a maior parte florestada. Os pais viajavam com frequência e deixavam o filho e a irmã mais nova em casa com a babá. A irmã tinha uma deficiência e precisava de muitos cuidados. Quando voltavam das viagens, os pais concentravam nela a maior parte da energia parental, deixando Simon por conta própria. Se você se lembra do Capítulo 2, talvez perceba que os pais de Simon se encaixariam bem numa combinação de dois tipos: os que cuidam da irmã doente e os permissivos.

Na verdade, os pais de Simon eram patologicamente desconectados dele. Em geral, o menino ficava livre, sem regras nem limites. Quando criança, passava muito tempo sozinho na floresta. Quando adolescente, ficou muito ativo na bebida e na maconha. Quando foi detido por dirigir alcoolizado, o pai demonstrou uma rápida preocupação que não durou.

Simon contou a lembrança de, frequentemente, passar horas sozinho entre as árvores nos fundos de casa quando adolescente, se sentindo inquieto, sem querer voltar porque em casa não havia nada para ele. O rapaz às vezes fumava um baseado e retardava a volta até muito depois de escurecer, porque queria adiar o máximo possível os sentimentos terríveis que tinha quando atravessava aquela porta. Sentia uma raiva intensa dos pais, que não conseguia entender nem explicar, misturada à sensação avassaladora de solidão e ao desejo desesperado de ter uma namorada, uma companhia constante para preencher o imenso vazio que era sua vida.

Depois de receber alguma atenção e preocupação do pai após a detenção, Simon voltou aos trilhos, entrou na faculdade e se formou em Economia. Mudou-se para Los Angeles e trabalhou numa empresa enorme durante vários anos. Teve muito sucesso e ganhou muito dinheiro. Desenvolveu um relacionamento com uma mulher, que foi muito bem até que ela quis casar. Nesse momento, ele começou a se sentir vazio e dormente, e cansado de Los Angeles. De repente, rompeu o relacionamento, largou o emprego e se mudou para Boston. Na nova cidade, ele se restabeleceu facilmente no novo emprego, porque era bem formado, vendável e capaz de exigir um bom salário.

No entanto, assim que se instalou na nova vida, ele descobriu que a antiga sensação de inquietude voltava. Havia algo errado; ele ainda não era feliz. Foi quando começou a saltar de paraquedas e dirigir Porsches. Tentava combater o vazio com esportes radicais. A dose de adrenalina que recebia sempre que saltava de um avião fazia milagres, mas por pouco tempo. Na volta para casa depois do salto, as antigas sensações retornavam — a dormência, o vazio —, e ele começava a desejar que o paraquedas não tivesse aberto. Imaginava-se morto, o alívio que seria. Na verdade, fazia anos que, de vez em quando, ele era perseguido por pensamentos assim.

Simon não queria morrer por sentir demais, mas por não sentir nada. Era incapaz de ter um relacionamento, porque estava vazio e não conseguia dar *nem* receber. Passava pelo mundo numa busca incansável de significado e descartava empregos, apartamentos, carros e pessoas quando eles não o satisfaziam. Queria o que todos pareciam encontrar com tanta facilidade, mas que era elusivo para ele: uma conexão com outro ser humano.

Na terapia, meu trabalho com Simon se concentrou nos sentimentos. Quando ele contava histórias sobre sua vida, eu costumava interromper e perguntar: "E como você se sentiu naquele exato momento?". Ou: "Como se sente agora, enquanto fala disso?". A princípio, Simon se irritou com minhas perguntas. Ele as vivenciava como interrupções, como tangentes irrelevantes que nos levavam na direção errada, para longe do que ele queria dizer com a história.

No entanto, aos poucos, em cerca de dois anos de terapia, a mente dele começou a se abrir para o mundo da emoção. Na tentativa de responder às minhas perguntas, aos poucos ele se tornou capaz de voltar sua atenção para dentro, se concentrar na experiência interna e dar nome aos sentimentos. É interessante que, quando se tornou uma pessoa de mais sentimentos, Simon começou a ter problemas sexuais com a mulher que namorava. Enquanto ficava mais capaz de se conectar emocionalmente com a moça, tornava-se menos capaz de fazer sexo com ela. A impotência se tornou uma fonte de grande angústia para ele. Assim, a segunda parte do tratamento foi ajudá-lo a reconhecer que ele fora literalmente criado para ser um lobo solitário. Que, nos relacionamentos, isolava tão completamente o eu emocional que o mero conceito de misturar proximidade emocional com intimidade sexual o aterrorizava e ameaçava. A maioria de nós sabe que sexo só por sexo é fácil. O sexo a serviço da intimidade emocional? Bem, esse é um pouco mais assustador. Quando Simon começou a lhe anexar significado e sentimentos, o sexo passou a ser demais para ele. Seu corpo resolveu isso cancelando a capacidade de ter relações sexuais.

Simon, de forma muito louvável, perseverou. Finalmente, com muito trabalho na terapia, ele conseguiu se sentir mais à vontade dentro de si mesmo. Três namoradas depois, encontrou uma mulher com quem sentia segurança emocional suficiente para apreciar a verdadeira intimidade.

Talvez você queira saber a conexão entre a dormência e a sensação de vazio de Simon e seus problemas de relacionamento. Todos são efeitos colaterais de um único problema básico: negligência emocional. Os anos de formação de Simon foram passados em solidão, com pouquíssimo sentimento entre ele e os pais. A substância emocional que permite à criança se conectar com os pais, as pessoas e o mundo em geral estava ausente. Simon cresceu num vácuo emocional. Ele tentou se "preencher" com colegas, maconha e festas. Buscou namorada atrás de namorada, na esperança de que elas o enchessem de significado e conexão. Nenhuma dessas estratégias deu certo. No fim, foi preciso terapia para que ele olhasse para dentro, e não para fora, atrás da resposta. Simon teve de aprender sobre emoções, aceitar que as tinha e se permitir senti-las para vivenciar a substância, a riqueza e o significado da vida. Só então conseguiu um relacionamento que tinha substância, riqueza e significado.

O combustível da vida é o sentimento. Se não enchermos o tanque na infância, teremos de enchê-lo quando adultos. Senão, nos sentiremos de tanque vazio.

É claro que Simon é um exemplo bastante extremo de vazio. Muitas pessoas negligenciadas o sentem de maneira muito mais leve e não são tão torturadas por ele. Mas descobri que a forma mais leve de vazio interfere na capacidade de se engajar e apreciar a vida. No nível mais grave, pode levar as pessoas a pensar em suicídio e até mesmo cometê-lo.

SINTOMAS E SINAIS DE VAZIO

- Às vezes, você se sente fisicamente vazio por dentro;
- Fica emocionalmente dormente;
- Questiona o significado ou o propósito da vida;
- Tem pensamentos suicidas que parecem vir do nada;
- Busca emoções;
- Sente-se diferente dos outros, de um modo desconcertante;
- É comum se sentir no lado de fora olhando para dentro.

Caso sinta que vários sintomas acima o descrevem, é importante você considerar a possibilidade de ter sido emocionalmente negligenciado. Mas não se desespere. Quando descobrir quais aspectos da negligência emocional se aplicam a você, é possível corrigi-la e combater seus efeitos.

2. CONTRADEPENDÊNCIA

Todos sabem o que é dependência. O dicionário Webster a define como "ser determinado ou condicionado por outrem; depender do apoio dos outros". Por outro lado, a independência pode ser descrita como "não ser determinado nem condicionado por outrem; não depender do apoio dos outros". Não são muitos os que ouviram a palavra "contradependência". Não é uma palavra de uso comum, e para muitos o conceito não é conhecido. Na verdade, é um termo usado principalmente por profissionais de saúde mental. Trata-se do impulso de não precisar de ninguém ou, mais especificamente, o medo de ser dependente. As pessoas contradependentes se esforçam muito para não pedir ajuda e não parecer sentir essa necessidade. Farão todo o possível para não depender de ninguém, mesmo com grande custo pessoal. Eis um exemplo de criança emocionalmente negligenciada que cresceu e se tornou contradependente.

DAVID

Quando me procurou para fazer terapia, David era um empresário quarentão bem-sucedido, com esposa e três filhos. Ia muito bem em termos financeiros, e os filhos eram todos jovens adultos que logo sairiam de casa. Ele veio buscar ajuda para a depressão prolongada. A princípio, David disse que sua infância fora livre e feliz. Mas, conforme contava sua história, ficou evidente que ele foi muito afetado pela ausência de um ingrediente fundamental.

David era o mais novo de sete filhos. Foi uma surpresa: nasceu nove anos depois do último irmão. Quando ele nasceu, a mãe tinha 47 anos, o pai, 52. Os pais de David eram pessoas boas, trabalhadoras e bem-intencionadas, e ele sempre soube que o amavam. Mas, quando nasceu, estavam cansados de criar filhos, e, em essência, David se criou sozinho. Os pais não pediam para ver seu boletim (sempre com boas notas), e ele não lhes mostrava. Quando havia algum problema na escola, ele não contava aos pais; sabia que teria de resolver por conta própria. David tinha total liberdade de fazer o que quisesse depois da escola, porque raramente os pais lhe perguntavam onde estava. Sabiam que era um bom garoto e não se preocupavam. Embora gostasse dessa extensa liberdade de regras e estrutura, David cresceu sentindo que, no fundo, estava sozinho. A mensagem que internalizou com essa liberdade foi "não pergunte, não conte". Ele entendeu desde bem pequeno que suas realizações não deveriam ser relatadas, nem os fracassos, as dificuldades e as necessidades. Embora não se lembrasse se os pais chegaram realmente a lhe *dizer* isso, absorveu nas fibras de seu ser que, para ele, a vida era assim. Aquilo passou a fazer parte de sua identidade.

Como adulto, David se apresentava como emocionalmente restrito e autocontido. Era frequente os outros o descreverem como distante. O casamento, depois de quinze anos, estava por um fio. A esposa sentia que David era incapaz de se conectar emocionalmente com ela. Ele lhe dizia com frequência que a amava, mas era raro lhe mostrar alguma emoção, positiva ou negativa. Ela ressaltou que o marido era um ótimo pai, mas descreveu o relacionamento dos dois como vazio e sem sentido. David se descrevia como vazio por dentro. Revelou que a única pessoa do mundo com quem realmente se emocionava era a filha adolescente, e que às vezes ele *se ressentia com ela por ser importante para ele*. David era perseguido por desejos de estar morto que não conseguia entender, pois sua vida era ótima. Sua fantasia constante era fugir para viver sozinho numa ilha tropical deserta.

O ingrediente que faltava na infância de David era a conexão emocional. Na família, as emoções eram tratadas como inexistentes. Havia pouca interação de qualquer tipo entre David e os pais, nenhuma positiva, mas também nenhuma das negativas importantes. Ele não chegou a experienciar a alegria nos olhos deles ao verem seu boletim, nem a sentir sua ansiedade quando voltou da escola bem tarde, já à noite. O relacionamento de David com os pais podia ser resumido em uma palavra: cordial.

A mensagem que, sem querer, os pais de David lhe ensinaram, completamente fora da consciência dos três, era "não tenha sentimentos, não demonstre sentimentos, não precise de nada de ninguém, nunca". Suas fantasias sobre estar morto ou fugir para uma ilha tropical eram a melhor maneira que conseguia imaginar de cumprir essa ordem. David era um bom garoto que aprendeu bem a lição.

SINAIS E SINTOMAS DE CONTRADEPENDÊNCIA

- Você tem sentimentos de depressão, mas não sabe por quê;
- Tem um desejo antigo e inexplicável de fugir ou, simplesmente, de estar morto;
- Lembra-se da infância como solitária, ainda que feliz;
- Os outros descrevem você como distante;
- As pessoas amadas se queixam de que você é emocionalmente isolado;
- Você prefere fazer tudo sozinho;
- É muito difícil pedir ajuda;
- Você não se sente à vontade em relacionamentos íntimos.

Caso se identifique com alguns desses sintomas, você pode ter sido emocionalmente negligenciado. Continue lendo.

3. AUTOAVALIAÇÃO NÃO REALISTA

Se lhe pedissem que se descrevesse, como você responderia? Que adjetivos usaria? Qual seria o equilíbrio de palavras e frases positivas e negativas? O mais importante: até que ponto sua descrição seria *precisa*? No livro *Autoestima: como está a sua?*, de McKay e Fanning, um exercício pede ao leitor que faça um inventário do conceito que tem de si mesmo. O leitor deve listar seus pontos fortes e fracos em algumas áreas diferentes, como aparência física, personalidade, relacionamentos e funcionamento mental. McKay e Fanning ressaltam que as pessoas com baixa autoestima tendem a se ver com uma tendência negativa. Exageram os pontos fracos e subestimam os fortes.

É verdade que muitas pessoas emocionalmente negligenciadas têm baixa autoestima. Mas, com a mesma frequência, adultos que sofreram negligência emocional pintam quadros *inexatos* de si mesmos, não necessariamente negativos, mas *errados*.

Desenvolvemos o conceito que temos de nós mesmos no decorrer da infância e da adolescência. O orgulho que vemos no rosto dos pais depois de um recital de piano é a validação de que tocamos bem e nos dá vontade de melhorar. Quando diz, depois de um jogo de beisebol, "Foi uma defesa boa hoje. Vamos trabalhar as rebatidas", o pai oferece ao filho um feedback fundamental sobre seus pontos fortes e fracos. Quando crianças, somos como pequenos computadores: recebemos feedback do ambiente, o armazenamos na memória, combinamos esse feedback com outro e desenvolvemos uma ideia coesa de nossas habilidades, talentos, déficits e deficiências. Recebemos esses dados de professores, treinadores e colegas. Mas os dados mais importantes que causam maior impacto vêm dos pais. Quando funciona bem, o processo resulta numa autoavaliação realista e equilibrada, que é o alicerce da autoestima. Essa autoavaliação é o trampolim para muitas escolhas na vida, como pelo que se esforçar, que habilidades desenvolver, a que faculdades se candidatar, em que se formar, que tipo de parceiro buscar, que carreira escolher. Ela pode ser útil para manter e preservar a autoestima. Por exemplo, a pessoa que não consegue entrar na faculdade de Medicina pode dizer a si própria: "Sou melhor em matemática do que em ciências. Se quiser cursar Medicina, terei de me esforçar muito mais e não desistir". Outra pessoa sem essa noção tão sólida de si mesma talvez se sentisse arrasada e inadequada, e desistisse.

JOSH

Josh me procurou aos 46 anos, por insistência da namorada. Era divorciado e pai de dois meninos, de 12 e 10 anos. Fez terapia durante anos, mas achava que não tinha ajudado. Sentia-se emperrado, tanto no tratamento quanto na vida. Também era particularmente perseguido pela sensação de não se encaixar. Em várias ocasiões, descreveu-se como "um pino quadrado num buraco redondo". Tinha essa sensação desde a infância. Conforme fui conhecendo Josh, passei a entender as razões.

Ele cresceu numa cidade pequena e rica do estado americano de Connecticut. Filho único, o pai deixou a mãe quando Josh tinha 2 anos e raramente foi visto depois. A mãe nunca voltou a se casar.

Era reitora de uma universidade local. A princípio, Josh descreveu a mãe como amorosa e carinhosa. Mas, quando arranhamos a superfície, ficou claro que esse excesso de amor na verdade era do tipo material. Ela gastava livremente com ele e lhe comprava tudo o que queria. Na verdade, durante toda a infância de Josh ela foi concentradíssima na carreira e trabalhava até tarde. Ele se descreveu como solitário e sonhador na infância. Depois da escola, perambulava pela floresta que cercava seu lar rural com seus cachorros, que na verdade eram seus melhores amigos. Eram os cães que o divertiam em todo o tempo livre e impediam que ele se sentisse sozinho. Em vez de incentivá-lo a ter amigos, a mãe ficava encantada porque ele se divertia sozinho e não exigia muito dela, não porque não se preocupasse, mas porque isso a liberava para investir tudo no trabalho.

No fundamental 2, Josh começou a ter problemas com bullying na escola. Seu amor aos livros teve como consequência o apelido "Dweeb" ("panaca") e, embora tentasse lidar com isso de várias maneiras, o esforço só lhe deu o novo título de "Feeb" ("fracote"). Em vez de ajudar o filho a lidar com isso e passar com ele por toda aquela dor, a mãe resolveu o problema tirando-o da escola e transferindo-o de repente para uma escola particular local e exclusiva. Não surpreende que Josh fosse ainda mais infeliz lá. Com o bullying, ele perdeu muita confiança. O apelido "Dweeb Feeb" ainda ecoava em sua cabeça.

A mãe de Josh o transferiu de escola mais duas vezes quando surgiram problemas com os colegas, ensinando-o a fugir das situações difíceis, e não a enfrentá-las nem a lidar com elas. Portanto, ele não teve a oportunidade de elaborar nada completamente, enfrentar os agressores ou ter qualquer noção de controle ou força.

Quando chegou a hora de se candidatar à faculdade, a mãe de Josh insistiu de forma inflexível que ele se candidatasse à instituição onde ela trabalhava. Como ele resistiu, ela, zangada, lavou as mãos e o deixou por conta própria. Sozinho, conseguiu ser aceito numa boa instituição, mas se formou em Letras *com base apenas no fato de que gostava de ler.*

É importante notar que, durante a criação de Josh, a mãe não observava seus pontos fortes e fracos, como o amor aos animais, a facilidade com o ambiente selvagem ou a tendência a se isolar das outras crianças. Ela não **sentia uma conexão emocional** com Josh. Não **prestava atenção** e, por vê-lo como uma pessoa única e separada, não **respondia com competência** à necessidade emocional do filho. Ele não se via refletido nos olhos da mãe e, portanto, não desenvolveu uma noção de suas habilidades e dificuldades, nem uma autoavaliação ou uma identidade realistas. Quando chegou a hora de partir para a faculdade, Josh se viu sem um trampolim para tomar decisões quanto ao curso, à graduação e à carreira.

Apesar do mestrado em Letras, Josh tinha um emprego abaixo de seu nível de qualificação quando o conheci. Trabalhava como motorista de caminhão de entregas de uma empresa de material de construção. Tinha dificuldade de se sentir à vontade com os colegas, pois estava realmente fora de seu elemento naquele emprego. Também achava o serviço extremamente chato e cansativo. Durante dois anos depois de terminar o mestrado, com 30 e muitos anos, Josh tentou dar aulas de inglês para o ensino médio. Mas abandonou completamente o magistério ao ser criticado pelos pais e um diretor de escola por não ter controle suficiente da turma.

Uma das queixas principais de Josh era a incapacidade de escolher uma carreira e se dedicar a ela. Tinha muita dificuldade de descobrir o que lhe interessava, em que seria bom ou onde se encaixaria. Era evidente que tinha baixa autoestima e uma identidade frágil e mal desenvolvida.

Na superfície, a mãe de Josh o amava, mas ela não "via" verdadeiramente o filho. Tomava decisões sobre sua educação com base não em quem ele era nem no que precisava, mas em quem *ela* era e no que *ela* precisava. Josh teve pouquíssimas oportunidades de perceber suas verdadeiras qualidades através dos olhos dos pais.

Quando adulto, a identidade de Josh ficou desequilibrada. Com a ausência de atenção e feedback dos pais, sua identidade não se desenvolveu por completo e derivava apenas das observações dele mesmo sobre si. Josh se descrevia como "solitário", "sonhador", "capaz de tirar boas notas", "sem direção". Sua autoavaliação era pintada com pinceladas largas e infantis. Não tinha a complexidade e as nuances com que os adultos saudáveis conseguem se ver. Sua visão de si mesmo tinha um peso enorme no sentido negativo. Não lhe dava uma base firme a partir da qual tomar decisões sobre a carreira. Ter recebido críticas na única carreira que escolheu e buscou por conta própria, ensinar, não ajudou a preservar sua autoestima. Em vez disso, diante do feedback negativo ele rapidamente cedia e desistia.

SINAIS E SINTOMAS DE AUTOAVALIAÇÃO NÃO REALISTA

- Sente dificuldade de identificar seus talentos;
- Sente que tende a superenfatizar os pontos fracos;
- É difícil dizer do que você gosta ou não;
- Você não tem certeza de quais são seus interesses;
- Você desiste com rapidez quando a situação fica difícil;

- Escolhe a carreira errada ou troca várias vezes;
- Com frequência, você se sente um "pino quadrado no furo redondo", uma pessoa mal encaixada;
- Você não sabe direito o que seus pais pensam (ou pensavam) de você.

4. SEM COMPAIXÃO POR SI, MUITA PELOS OUTROS

A compaixão é uma das formas mais elevadas de emoção humana. É ela que nos interliga, tanto em termos interpessoais quanto em sociedade. Com frequência, é a compaixão que alimenta nossas doações para a caridade; ela motiva o comportamento de bom samaritano e nos ajuda a curar as feridas da vida. É o cimento das amizades e nos ajuda a perdoar os que nos prejudicam. Há dois tipos de compaixão: a que sentimos pelos outros e a que sentimos por nós mesmos. As pessoas emocionalmente negligenciadas têm muito da primeira, mas pouco da segunda. Em geral, são muito indulgentes com os defeitos e falhas dos outros, pelo menos na superfície. Os outros acham fácil falar com eles, porque parecem aceitar sem julgamento. No entanto, tendem a julgar bastante e a ser perfeccionistas consigo mesmos. Podem ficar muito irritados por terem um ponto fraco que facilmente tolerariam nos outros.

Noelle

Noelle tem 38 anos, é casada e tem um filho pequeno. Recebeu uma educação excelente e tem pós-graduação em duas universidades importantes dos Estados Unidos. Teve uma carreira empresarial acelerada antes da maternidade. Sob todos os aspectos, um observador externo a consideraria um sucesso. Quando comecei a tratar o transtorno de ansiedade de Noelle, ela fora demitida recentemente e estava afundando. Estava claro que, embora muita coisa acontecesse externamente, por dentro o que ela sentia era bem diferente. Na verdade, na cabeça de Noelle tocava uma fita que dizia o tempo todo: "O que há de errado com você? Não consegue nem estacionar direito", "Por que tem de ser tão gorda?", "Para alguém tão inteligente, você é péssima mãe", "Você é muito desastrada", e assim por diante. Qualquer erro minúsculo provocava uma ladainha de condenação interior — que ela *nunca* aplicava aos amigos nem a outros seres humanos. Como Noelle desenvolveu um barômetro de compaixão tão distorcido? Ele está enraizado na negligência emocional.

Noelle é filha única de pais que se divorciaram quando ela estava com 6 anos. O pai era alcoólatra e fisicamente abusivo com a mãe. Noelle se lembra de várias discussões assustadoras aos gritos antes da separação. A mãe de Noelle era assistente social. Amava muito a filha. Reconhecia a inteligência da filha e costumava exprimir a Noelle e aos outros o orgulho que sentia. Noelle cresceu sabendo que era inteligente, teve confiança de se candidatar a várias universidades de boa reputação e, realmente, teve uma carreira excelente. Então, o que deu errado?

Pouco depois da separação, a mãe de Noelle voltou a se casar, e o novo marido foi imediatamente morar com elas. Embora amasse muito Noelle, a mãe tinha histórico de abuso e trauma grave na infância, e viu aquele momento como a hora de se curar e ser quem era pela primeira vez na vida. Ela se lançou plenamente na nova independência e no novo relacionamento e prestou cada vez menos atenção à filha pequena. Enquanto isso, Noelle teve de lidar sozinha com as emoções difíceis da mudança das circunstâncias da vida, do novo casamento da mãe e da perda do pai. A falta de compaixão da mãe pelo sofrimento de Noelle se tornou a falta de compaixão de Noelle por si mesma.

Na ausência de envolvimento e interação parental, Noelle se tornou sua própria mãe. Toda manhã, punha no micro-ondas sanduíches de frango congelados para o café da manhã. Voltava toda tarde da escola para uma casa vazia, onde se sentava e assistia à TV sozinha.

Noelle sabia que era extremamente inteligente e se enrolou nessa inteligência como um casulo quentinho que alimentava sua alma. Portanto, tinha pouca tolerância com os erros que cometia, porque atrapalhavam sua própria segurança. Com os erros, ela se sentia burra. Brigava consigo por causa deles e achava que assim ajudaria a reduzi-los. Exigia de si notas 9 e 10 em todas as matérias e ficava muito desapontada pelas poucas notas 7 e 8. Não havia nenhum adulto presente em sua vida para pôr os erros em contexto, ajudá-la a entender como aconteciam ou lhe demonstrar compaixão pelas decepções. Assim, não aprendeu a fazer essas coisas por si mesma. Em vez disso, a severa mãe interna adotou a abordagem mais simples e lhe ensinou que era melhor fazer tudo exatamente certo ou sofrer as consequências. O resultado foi que ela ficou paralisada pelo desapontamento e pela raiva de si mesma.

Enquanto Noelle se ocupava sendo sua própria mãe, outras crianças emocionalmente acolhidas aprendiam a se perdoar. Quando levavam uma nota ruim para casa, os pais tentavam identificar as razões, conversavam sobre como corrigir e transmitiam à criança que todo mundo escorrega e cai às vezes. É assim que crianças saudáveis aprendem a se recompor, se perdoar, entender e aprender com os erros, a deixar esses erros no passado e a continuar vivendo. Parte de meu trabalho com Noelle foi ajudá-la, como adulta, a aprender a fazer isso.

SINAIS E SINTOMAS DE COMPAIXÃO INADEQUADA POR SI MESMO

- Os outros costumam procurar você para falar de seus problemas;
- É comum os outros lhe dizerem que você é bom ouvinte;
- Você tem pouquíssima tolerância com os próprios erros;
- Há uma voz crítica em sua cabeça que aponta suas falhas e seus erros;
- Você é muito mais severo com você do que com os outros;
- É comum sentir raiva de si mesmo.

5. CULPA E VERGONHA: O QUE HÁ DE ERRADO COMIGO?

Como pudemos ver na história anterior, os adultos emocionalmente negligenciados podem ser bastante perfeccionistas e duros consigo mesmos. Para muitos, a situação não fica só nisso. Quando as crianças recebem dos pais a mensagem de que seus sentimentos são um fardo, excessivos ou simplesmente *errados*, é comum que comecem a se sentir culpadas, com vergonha deles. Então, se esforçarão para esconder seus sentimentos dos outros ou até para não os sentir mais.

Como não sofreram nenhum tipo de abuso, muitos adultos emocionalmente negligenciados recordam a infância como feliz e despreocupada. Não conseguem identificar nenhum fator responsável por seus problemas e, portanto, culpam a si mesmos. É comum terem crescido com muita liberdade, como David e Josh. Como eram responsáveis por si mesmos quando crianças, sentem-se responsáveis por suas imperfeições quando adultos.

Quando as emoções da criança não são reconhecidas nem validadas pelos pais, ela pode crescer incapaz de fazer isso sozinha. Adulta, pode apresentar pouca tolerância a sentimentos intensos ou a qualquer sentimento que seja. Pode enterrá-los e ter a tendência de se culpar por estar zangada, triste, nervosa, frustrada e até feliz. A simples experiência humana natural de ter sentimentos se torna uma fonte de vergonha secreta. "O que há de errado comigo?" é uma pergunta que essa pessoa pode se fazer com frequência.

Entre a "infância feliz" e as emoções inexplicáveis, a pessoa fica com o pressuposto de que realmente falta alguma coisa.

LAURA

Quando tinha 14 anos, Laura correu da escola para casa o mais depressa que pôde, desesperada para falar com a mãe. Ela soube na escola que Todd, irmão de 16 anos de sua melhor amiga, Sally, tinha se matado na noite anterior. Laura tinha uma paixão secreta por Todd, que era bondoso com a irmã mais nova e sua amiga: frequentemente implicava com elas e as levava de carro ao treino de futebol. Laura foi esmagada por uma onda de choque, confusão e pesar, um torvelinho de emoções que nunca tinha sentido.

Ao chegar em casa, ela correu imediatamente para a mãe, que já recebera a notícia. A mãe lhe deu um abraço e disse: "O que aconteceu não me surpreende. Acho que ele usava drogas". Foi o fim da conversa. O tópico nunca mais foi mencionado. A mãe de Laura nem lhe perguntou como estava, e assim Laura também não se perguntou. Em vez disso, enterrou os sentimentos e tentou não pensar neles. Nas semanas seguintes (depois de ter ido ao funeral apenas com as amigas, porque seus pais não foram), ela se concentrou nos amigos, na escola e no futebol, mas evitou Sally. Ver Sally fazia Laura se sentir péssima. Laura começou a chorar "sem razão" em horas improváveis, como na aula de matemática ou no chuveiro.

Quando terminou o ensino médio, dois outros conhecidos de Laura, ambos da escola, tinham se suicidado. Ela lidou com essas perdas como tinha lidado com a primeira, só que pulou a parte de contar à mãe. Foi devidamente ao funeral com as amigas e não admitiu a ninguém, nem a si mesma, que se sentia perturbada, chocada e confusa.

Laura teve dificuldade de se concentrar na escola e perdia a calma em casa com frequência. O resultado foi que a escola se tornou mais difícil. Os pais se desapontaram com ela e passaram a perguntar: "O que há de errado com você?". Mas era uma pergunta retórica. Na verdade, eles não queriam saber. Laura começou a se ver como fraca, burra e pouco cooperativa. Também se perguntava o que havia de errado. Essa visão de si mesma permaneceu com ela até a idade adulta. Em geral, Laura se descrevia como emocionalmente dormente. Isso acontecia porque conseguiu decepar os sentimentos para que não a incomodassem. Mas, toda vez que tinha algum tipo de sentimento forte por qualquer razão, ela se sentia fraca e envergonhada. Aos 32 anos, numa sessão de terapia, ela me disse: "Tive uma infância maravilhosa e privilegiada, mas queria estar morta. Não tenho nenhuma desculpa para ficar tão deprimida. Há algo muito errado comigo".

Para Laura, o próprio ato de ter um sentimento parecia errado e vergonhoso. Por vivenciar os sentimentos dela como um fardo, os pais, sem querer, transmitiram a ela a mensagem de que não deveria tê-los e, se os tivesse, nunca deveria exprimi-los, nem a si mesma. As emoções de Laura eram sua vergonha secreta.

SINAIS E SINTOMAS DE CULPA E VERGONHA

- Às vezes você se sente deprimido, triste ou zangado sem razão aparente;
- Às vezes você se sente dormente em termos emocionais;
- Tem a sensação de que há algo errado com você;
- Sente que, de certo modo, é diferente dos outros;
- Tende a enterrar ou evitar os sentimentos;
- Tende a esconder os sentimentos para que os outros não os vejam;
- Tende a se sentir inferior aos outros;
- Acha que não tem desculpa para não ser mais feliz na vida.

6. RAIVA E CULPA AUTODIRECIONADAS

É difícil se sentir profundamente envergonhado por algo tão inato nos seres humanos como as emoções sem se zangar consigo mesmo por isso. A vergonha, levada um passo além, se transforma em raiva autodirecionada. Vamos continuar a história de Laura.

LAURA

Na adolescência e na idade adulta, Laura foi perseguida por sentimentos e fantasias autodestrutivos. Na faculdade, depois que o namorado terminou a relação, ela tomou uma overdose de remédios e ficou no hospital por um breve período. Mais tarde e durante toda a vida adulta, ela comprava seis latas de cerveja e bebia tudo sozinha em seu apartamento. Quanto mais bebia, mais começava a sentir. Lacrimejava, depois chorava e ficava com nojo de si mesma por chorar. Então, se enchia de um ódio imenso de si mesma. Aí, cortava a barriga, o que achava estranhamente consolador, e assim conseguia adormecer. No dia seguinte, se sentia melhor, como se, de certa forma, tivesse se limpado.

Laura passava o dia dormente, com os sentimentos completamente isolados e, portanto, fora de sua consciência. Na verdade, ela não *sentia* a raiva, a tristeza e o pesar. Isso a protegia de se sentir constantemente fraca e envergonhada. Mas esses sentimentos ficavam guardados dentro dela, como a lava sob o vulcão. A cerveja lhe permitia deixar que um pouco da lava saísse, o que era, ao mesmo tempo, muito vergonhoso e purificador.

Para Laura, a bebida e os cortes eram expressões da raiva voltada contra si mesma. No fundo, Laura se odiava. Não por alguma falha, defeito ou erro *real*, mas por ficar triste e magoada e por ser incapaz de explicar a si mesma por que estava triste e magoada. Na mente, ela era uma mercadoria com defeito e não tinha desculpa para isso.

SINAIS E SINTOMAS DE RAIVA E CULPA AUTODIRECIONADAS

- Você se zanga consigo mesmo com frequência e facilidade;
- Usa álcool ou drogas como válvula de escape;
- Frequentemente tem nojo de si mesmo;

- Tem tendências ou episódios autodestrutivos;
- Você se culpa por não ser mais feliz e "normal".

7. A FALHA FATAL (SE ME CONHECESSEM DE VERDADE, NINGUÉM GOSTARIA DE MIM)

Uma característica que a maioria dos adultos que sofreram negligência emocional tem em comum é a sensação secreta e cuidadosamente guardada de ser diferente ou defeituoso. Como vimos acima, Laura tinha vergonha de seus sentimentos, o que a levava a se sentir fraca e prejudicada. Quando a pessoa sente que, no fundo, há algo errado com ela, a tendência natural é tentar entender esse sentimento ou explicá-lo para si. Cada pessoa emocionalmente negligenciada encontra sua própria explicação exclusiva para "o que há de errado comigo" com base nas circunstâncias específicas da infância e da família. Certa vez, reuni oito mulheres emocionalmente negligenciadas na mesma terapia de grupo, na esperança de que se ajudassem a ver os atos elusivos de omissão dos que as criaram e que causaram tantas dificuldades. No decorrer de um ano, elas deram nome à característica em comum que achavam que as unia como grupo: a Falha Fatal.

A Falha Fatal não é uma falha de verdade. Mas é um *sentimento real*. É a crença profunda e enterrada do adulto emocionalmente negligenciado sobre si mesmo, aquilo que o faz se sentir diferente de todos, afastado do mundo ou inaceitável para os outros. Ela fica guardada junto ao peito, escondida a todo custo. A Falha Fatal é uma cápsula que contém os ecos da tentativa da criança de entender "o que há de errado comigo".

As pessoas emocionalmente negligenciadas tendem a sentir que precisam manter o verdadeiro eu oculto dos outros, porque, se deixarem as pessoas chegarem perto demais, a falha será exposta. Para alguém, a falha pode ser a crença de não ter valor. Para Laura, era a vergonha secreta de ser fraca. Para Noelle, era a crença de ser burra. Mas cada pessoa emocionalmente negligenciada tem a sua. Eis a história de Carrie.

CARRIE

Carrie era a mais nova de três filhos. O pai era mecânico de motores diesel e a mãe, dona de casa. O irmão era seis anos mais velho, a irmã, quatro. Ela descreveu os pais, que estudaram até o ensino médio, como caseiros, ou seja, não eram aventureiros, curiosos nem interessados no mundo. Eram pessoas boas e simples que só queriam trabalhar muito e criar os filhos. Não pensavam no mundo de um jeito complexo e, certamente, não davam a mínima atenção para o que eles e os filhos poderiam sentir.

A mãe de Carrie tinha as mesmíssimas regras para Carrie e a irmã, embora a diferença de idade entre elas fosse de quatro anos. Vestia as duas da mesma forma, cortava o cabelo delas da mesma forma; iam dormir à mesma hora, com a mesma liberdade e tinham de fazer quase tudo juntas. A irmã mais velha de Carrie sentia a terrível injustiça disso e se ressentia porque Carrie invadia todos os aspectos de sua vida. Ambas não eram tratadas nem percebidas como seres humanos individuais e autônomos. Eram tratadas como se fossem duas partes da mesma pessoa. Carrie cresceu confusa, sem entender por que a irmã mais velha a odiava tanto e tentando ao máximo conquistar as boas graças dela. Não importava o que fizesse, a irmã a desprezava. Sua análise simples e infantil da situação foi: "Não sou digna de que alguém goste de mim".

Quando Carrie (que, adulta, descobriu que tem Transtorno de Déficit de Atenção e deficiências de aprendizagem) começou a enfrentar dificuldades acadêmicas no ensino fundamental 2, os pais não notaram. Ao levar para casa o boletim cheio de notas baixas, a reação da mãe foi: "Tudo bem, o máximo que você pode fazer é se esforçar mais". Com esse comentário, Carrie entendeu que não se esperava muito dela porque não tinha muito material em termos de inteligência. Na ausência de explicações mais complexas e expectativas mais altas, ela desenvolveu dois pressupostos importantes sobre si mesma: não era digna de que alguém gostasse dela e era burra.

Ao ter os problemas de amizade na escola, típicos do início da adolescência, Carrie aplicou o mesmo tipo de análise simples de causa e efeito. Sua explicação para cada um dos incidentes era: "Quando me conhecem, as pessoas não gostam de mim". Essa se tornou a explicação para os rompimentos com todos os meninos que namorou e para todos os problemas sociais que enfrentou na vida.

Na época que conheci Carrie, ela estava com 30 e poucos anos. Tinha desenvolvido um estilo de evitação no qual raramente iniciava qualquer interação social por prever rejeição a cada esquina. Carrie me fez trabalhar muito na terapia. Ela oferecia pouquíssimo de si mesma espontaneamente. Era muito hábil no papo-furado, mas fazê-la falar em profundidade sobre si e sua vida era como arrancar um dente. Por evitar a substância, ela se tornava desinteressante para os outros.

Carrie se sentia sozinha e sem amigos, porque não oferecia conexão significativa suficiente para manter as amizades e os relacionamentos. Afirmava querer se casar e ter filhos, mas desistia de todos os relacionamentos românticos assim que o homem tivesse qualquer tipo de problema com ela, por supor que ele, como todos os outros, não gostava dela agora que a conhecia. No fundo, Carrie guardava um conhecimento secreto que não contava a ninguém e tentava ao máximo esconder, mas que dominava sua vida: "Se me conhecerem, as pessoas não gostarão de mim". Essa era sua Falha Fatal.

SINAIS E SINTOMAS DA FALHA FATAL

- Você teme se aproximar das pessoas;
- É difícil se abrir até com os melhores amigos;
- Você tende a esperar rejeição em cada esquina;
- Evita iniciar amizades;
- É difícil para você manter conversas;
- Você sente que quem se aproxima demais de você não gosta do que vê.

8. DIFICULDADE DE ACOLHER A SI E AOS OUTROS

O acolhimento pode ser descrito como uma combinação de amor, preocupação e ajuda. As crianças que não são *emocionalmente* acolhidas podem crescer e ter muita dificuldade de oferecer aos outros esse acolhimento emocional. Lembra-se de David, o mais novo de sete filhos, ignorado quando criança e incapaz de se conectar quando adulto? Vamos falar mais um pouco sobre ele.

David

Como já mencionado, os pais de David eram pessoas trabalhadoras, decentes e bem-intencionadas. Deram-lhe um lar adorável, boas roupas e bastante comida. Todas as suas necessidades materiais foram satisfeitas. A mãe era dona de casa, fisicamente presente quase o tempo todo. David cresceu *sabendo* que era amado pelos pais. Mas não cresceu *sentindo* que era amado pelos pais. Não porque eles não o amassem de propósito, mas porque nenhum tipo de sentimento, positivo ou negativo, era exibido nem permitido em sua casa. David era bem acolhido fisicamente, mas não recebeu acolhimento emocional.

Quando adulto, num grupo de terapia, David quase se encolhia quando alguém no grupo mostrava sentimentos intensos. Era mestre em oferecer conselhos práticos e racionais a qualquer integrante que sofresse, mas fazia isso com ausência de emoção. O conselho era bem-intencionado, mas dado sem sentimento. Seu estilo foi notado pelos outros integrantes do grupo, que muitas vezes ficavam na defensiva e tinham dificuldade de aceitar o conselho.

A maioria de nós sabe que qualquer tipo de conselho pessoal é mais bem recebido quando acompanhado do *sentimento* de preocupação. Os integrantes do grupo apreciavam os conselhos práticos de David, mas não a apresentação fria. David não conseguia se conectar emocionalmente com as pessoas do grupo, por medo de que elas se conectassem emocionalmente com ele. Que pudessem precisar dele. Que pudessem realmente depender dele. David costumava exprimir um grave desconforto ao ser necessário ou cuidado. Lembra-se de como David se sentia a respeito da filha? Ele se ressentia porque *ela o fazia se preocupar com ela.*

Como a compaixão, o *acolhimento* é uma cola emocional que nos une como pessoas. É o combustível que enche nosso tanque emocional. É uma exigência da criação saudável dos filhos, e no bom casamento deve ser abundante e mútuo entre marido e mulher. Quando recebemos acolhimento dos pais quando crianças, ele é internalizado e passa a fazer parte de nós. Quando adultos, então, somos capazes de oferecer acolhimento aos outros quando necessário, sejam eles nossos pais, sejam nossos amigos, cônjuge ou filhos. As crianças são como esponjas que absorvem o amor, a atenção e a ajuda dos pais. Uma esponja longe demais da água vai secar e, por fim, endurecer. Do mesmo modo, a criança longe demais do amor, da atenção e da ajuda vai endurecer e se fechar e terá dificuldade de dar e receber acolhimento. Foi o que aconteceu com David. Ele não conseguia sentir nem exprimir amor.

SINAIS E SINTOMAS DE DIFICULDADE DE ACOLHER A SI E AOS OUTROS

- Às vezes as pessoas lhe dizem que você parece distante e, talvez, até frio;
- Às vezes os outros acham você arrogante;
- Você costuma achar que os outros são emocionados demais;
- Os outros lhe pedem conselhos práticos, mas não apoio emocional;
- Você se sente pouco à vontade quando alguém chora em sua presença;
- Você se sente pouco à vontade chorando, principalmente na presença de outra pessoa;
- Você não gosta da sensação de que alguém realmente precisa de você;
- Você não gosta de sentir que precisa dos outros.

9. POUCA AUTODISCIPLINA

Todos os dias, precisamos usar a autodisciplina de diversas maneiras. Acordamos na hora certa, tomamos banho, comemos bem, praticamos exercícios, nos concentramos, fazemos o serviço doméstico, guardamos dinheiro. Aprendemos a nos obrigar a cumprir essas tarefas necessárias por meio da estrutura, do amor e da expectativa dos que nos criaram.

É extraordinário o número de pessoas emocionalmente negligenciadas que têm tremenda dificuldade com essas coisas que chamamos de autodisciplina. Verifiquei que é comum ser difícil para os emocionalmente negligenciados parar de fazer o que não deviam, como comer *junk food*, gastar demais e cometer outros excessos. Por outro lado, também têm dificuldade de se forçar a fazer o que não querem, como serviço doméstico, tarefas, trabalho ou exercício. Com frequência, dirão: "Estou muito decepcionado comigo. Não consigo começar". Sim, até certo ponto todos nós temos dificuldade com isso. Mas a dificuldade da pessoa emocionalmente negligenciada é mais intensa e crônica. Torna-se um tema da vida inteira. As pessoas emocionalmente negligenciadas buscam tratamento e se dizem dispersas, preguiçosas, desmotivadas ou procrastinadoras. Quando falam da infância, descobrimos que os pais, embora amorosos e generosos, não ofereceram uma estrutura real para o aprendizado da habilidade da autodisciplina. Por exemplo, não obrigaram o filho a fazer o dever de casa, as tarefas domésticas ou os exercícios antes de sair ou assistir à TV.

Toda vez que os pais estabelecem e cobram essas regras e expectativas, elas passam a fazer parte do repertório da criança. O filho aprende a lição de se forçar a fazer algo tedioso. Por outro lado, muitas vezes os pais emocionalmente negligenciados não impedem que a criança coma *junk food* demais ou desperdice todo o seu dinheiro. Quando é deixada por conta própria, a criança aprenderá a satisfazer os próprios prazeres. Geralmente, a negligência emocional nos prepara para problemas com a autossatisfação.

Muitas crianças emocionalmente negligenciadas têm pais que as amam muito e satisfazem todas as suas necessidades físicas. Mas parte da criação de filhos é ver a criança como ela é: não só notar em que é boa, mas também o que é mais difícil para ela, e se esforçar para que ela cuide dessas coisas. Muitos pais emocionalmente negligentes são muito carinhosos, mas *não se envolvem com os filhos nesse nível.*

WILLIAM

William veio à terapia quando tinha quase 40 anos. Era perseguido pela sensação de que deveria obter mais resultados. Tinha um MBA de uma faculdade de Administração muito respeitada, e os testes psicológicos feitos aos 20 anos revelaram que seu QI era altíssimo. Mas William teve uma série de empregos nada desafiadores que não usavam sua formação nem pagavam um salário no nível que ele seria capaz de ganhar. Tinha sido demitido recentemente e temia que o novo chefe não estivesse muito satisfeito com seu desempenho.

Ele contou que tinha muita dificuldade com a autodisciplina, tanto na vida pessoal quanto na profissional. Às vezes virava a noite trabalhando e depois dormia até tarde no dia seguinte. A esposa se queixava de que ele se esquecia de comer e raramente se exercitava. Apesar de todo o esforço e das melhores intenções, era muito lento para começar tarefas difíceis, chatas ou desagradáveis. Quando começava, pensava imediatamente em algo melhor a fazer e trocava. Tinha recebido dos empregadores o feedback de que era lento demais para concluir o trabalho. Ele dizia se sentir muito frustrado consigo mesmo pela baixa produtividade e afirmava: "Sou um procrastinador terrível", "Sou preguiçoso" e "O que há de errado comigo?".

Os pais de William se divorciaram pouco depois de seu nascimento, e o pai não fez parte de sua vida. A mãe o criou sozinha e o encheu de amor. Ele era a razão de sua vida. Realmente, William era um ótimo garoto. Inteligente e popular, não criava problemas. Os professores gostavam dele, e as notas eram boas. A mãe lhe dizia com frequência que ele era maravilhoso e, normalmente, deixava-o fazer as coisas por conta própria. Ela precisava trabalhar em tempo integral para sustentá-los e confiava que ele ficaria bem sem muita supervisão dela. Assim, William cresceu com muita liberdade, muito amor, pouca supervisão e pouquíssima estrutura. Ele se lembra de fazer os trabalhos de conclusão na última hora, fazer as provas sem ter estudado e ficar com os amigos até tarde da noite na época do fundamental 2 e do ensino médio. Não tinha muitas responsabilidades nem tarefas domésticas, e as que tinha eram muito flexíveis. A mãe facilmente relaxava as regras ou o dispensava delas. Do mesmo modo, quando cometia um erro acadêmico, os professores, em geral, lhe davam o benefício da dúvida, porque era um garoto inteligente, respeitoso e com boas intenções. Trabalhar fora da zona de conforto e cumprir tarefas tediosas eram desafios que ele raramente enfrentava.

É provável que você considere essa infância divertida. E foi mesmo, em vários aspectos. O problema é que não preparou William para as exigências da idade adulta. No emprego mais recente, ele teria de trabalhar com os clientes para concluir seus projetos. Precisava descobrir o que o cliente queria, planejar a criação disso e entregar dentro do prazo. Em muitos desses projetos, ele tinha de coordenar as contribuições dos membros da equipe para assegurar que tudo funcionasse em conjunto. William adorava o emprego e a criatividade que lhe exigia. No entanto, os aspectos de coordenação e cronograma o entediavam demais. Quando precisava fazer o relatório final, procrastinava, perdia os prazos; e o chefe logo se decepcionou. Esse era um padrão conhecido para William, que ficou inseguro. Ele era bastante inteligente e agradável; precisava e gostava do emprego. Então, o que faltava?

A ausência de dificuldades na infância de William o preparou muito bem para a vida, contanto que não surgissem exigências desagradáveis. Como adulto, William é hábil em correr livre, em termos metafóricos. Mas, quando o chefe exige resultados ou ele mesmo precisa se esforçar para atingir uma meta, não tem autodisciplina necessária para que isso aconteça.

Como a mãe adotou o caminho de menor resistência ao ceder facilmente e não impor nem estruturar, William fez o mesmo. Teria sido muito benéfico para ele limpar regularmente a cozinha de casa, por exemplo. Se a mãe tivesse notado a falta de desafios no ensino médio, talvez lhe arranjasse aulas avançadas de matemática ou línguas. Mais regras e estrutura em casa ajudariam William a internalizar regras e estrutura para si. E os conflitos com a mãe sobre a limpeza correta das bancadas lhe ensinariam a importância de ser meticuloso, mesmo em tarefas mundanas e ingratas. William não aprendeu a se estruturar e a se obrigar a fazer o que não queria. Por ser um garoto inteligente e agradável, a falta de autorregulação só foi percebida quando entrou no mundo adulto do mercado de trabalho. Nesse momento, ficou claro que lhe faltava a capacidade de tolerar o tédio, de se estruturar e de perseverar, peças necessárias para qualquer adulto bem-sucedido.

SINAIS E SINTOMAS DE POUCA AUTODISCIPLINA

- Você se sente preguiçoso;
- É um procrastinador;
- Tem muita dificuldade com prazos;
- Tende a comer, beber, dormir ou gastar demais;
- Fica chateado com o tédio da vida;
- Tende a evitar tarefas mundanas;
- Fica irritado quando vê o pouco que fez;
- Seu desempenho é abaixo do esperado;
- Você tem pouca autodisciplina;
- Em geral, é desorganizado, embora saiba que tem capacidade de melhorar.

10. ALEXITIMIA

Se há um sintoma que pode ser o denominador comum da negligência emocional, provavelmente é a alexitimia. Em grau maior ou menor, ela está presente em todos os adultos emocionalmente negligenciados. A palavra "alexitimia" não consta da maioria dos dicionários. Não é usada pelo público em geral. É empregada primariamente por psicólogos e outros profissionais de saúde mental, principalmente no ambiente de pesquisa.

A alexitimia é a deficiência de conhecimento e consciência de alguém sobre as emoções. Na forma mais extrema, as emoções são indecifráveis para o alexitímico, tanto as dele quanto as dos outros. Ele leva a vida sem disposição nem capacidade de tolerar e até de sentir emoções. Observei que muita gente com alexitimia tende a ser irritável. Essas pessoas tendem a estourar com as outras aparentemente sem razão, e é óbvio que isso interfere em seus relacionamentos. Também lhes permite manter os outros a distância, mesmo que se sintam terrivelmente sós.

As emoções que não são expressas nem admitidas tendem a se acumular e a transbordar como raiva. Finalmente, os sentimentos suprimidos se recusam a ficar enterrados. Quando isso acontece, explodem como pequenos jorros de irritabilidade que magoam os outros. Eis um exemplo de homem emocionalmente negligenciado que era muito alexitímico.

CAL

Cal, um homem alto e tão magro que parecia quase emaciado, veio à terapia quando tinha 50 e poucos anos. Foi encaminhado pela clínica geral em 1999, quando ele lhe contou que planejava se matar no fim do milênio. Na primeira sessão, foi muito claro sobre esse plano. O comportamento raivoso e desdenhoso na primeira sessão foi impressionante. Essas emoções hostis eram as únicas a que se dispunha ou que tinha capacidade de exibir. Quando o conheci melhor, logo ficou claro que ele era alcoólico e tinha desempenho abaixo do esperado. Embora formado em Engenharia, trabalhava como técnico de eletrodomésticos de dia e bebia cerveja sozinho em seu apartamento à noite. Nunca se casou, não teve filhos e morava sozinho.

Durante muitos anos, Cal fantasiou sobre desaparecer. Depois de meses de terapia, conseguiu contar essa fantasia secreta: fugiria para uma floresta bucólica e viveria como ermitão, sem contar à família, aos amigos nem a ninguém que o conhecesse. Sentia intenso prazer ao imaginar a reação de choque e tristeza de todos que o conheciam quando soubessem que tinha desaparecido, a preocupação e o aborrecimento de todos, o desejo de que voltasse.

Cal tinha dois irmãos mais velhos e pais ainda vivos. Na terapia, exprimiu intenso ressentimento, quase ódio, por toda a família. Foi incapaz de explicar por que se sentia assim. Mas contou que, cerca de um ano antes de vir para o tratamento, procurou e destruiu todas as fotos de família que tinha, inclusive as dele mesmo quando criança. Não conseguiu dar nenhuma explicação para agir assim e não respondeu à minha curiosidade com nenhuma curiosidade própria. Cal também recebeu várias advertências no trabalho por brigar com colegas e clientes.

Conforme ele falava na terapia, tudo começou a fazer sentido. Ele cresceu numa cidade operária no norte do estado de Nova York. Os pais eram a segunda geração de imigrantes alemães. O pai trabalhava numa fábrica, e a mãe ficava em casa para criar Cal e os dois irmãos mais velhos. Não havia abuso na família. Cal foi bem protegido, alimentado e vestido. Quando perguntei sobre a relação com os irmãos, ele disse simplesmente que gostava de jogar beisebol com eles até que entraram no fundamental 2 e pararam de jogar com ele. Na verdade, esse foi o único exemplo que deu de interação importante ocorrida na família. Quando lhe perguntei, Cal contou que, em suas lembranças, ninguém na família gritava, chorava, abraçava, beijava, tocava, piscava ou exprimia algum tipo de emoção. Na verdade, Cal ficou bastante perplexo com minhas perguntas sobre emoção. Ficou claro que ele não falava essa linguagem. O conceito de sentir simplesmente não aparecia na tela de seu radar.

No entanto, a raiva era a única emoção que Cal *conhecia*. Ele a sentia com muita frequência, em essência o dia todo, todos os dias. Tentava se controlar no trabalho (para não ter problemas com o chefe) e bebia para reduzi-la à noite e conseguir adormecer. Apesar da onipresença em sua vida, ele não tinha consciência dela. Não a notava; não a questionava. Sentia-se, porém, à vontade com a raiva, porque ela fazia parte dele, como um braço ou as batidas do coração.

A natureza de sua negligência emocional o deixou gravemente atrofiado em termos emocionais. Em todos os relacionamentos, incapaz de entender o que sentia e de ler o que os outros sentiam, incapaz de saber o que podia esperar dos outros ou o que tinha de lhes oferecer, ele era emocionalmente incapacitado. Não admira que bebesse. Não admira que fantasiasse sobre deixar os outros para trás com saudades dele para se arrepender de não estarem lá a seu lado. E não admira que pensar em suicídio o acalmasse quando emoções indecifráveis vazavam do cofre trancado que era a história de sua vida. Afinal de contas, só a emoção e a conexão dão significado à coisa estranha que chamamos de existência.

Para Cal, o primeiro estágio da terapia foi tomar consciência da raiva. O segundo foi ajudar Cal a parar de beber para sufocar as emoções e ensiná-lo a conviver com elas. O terceiro e mais difícil de todos foi ajudar Cal a abrir o cofre chamado raiva e rotular e vivenciar todas as emoções guardadas lá dentro.

Conforme foi criando uma relação de confiança na terapia, Cal conseguiu ver que, quando os irmãos pararam de jogar beisebol com ele, esse foi mais do que um mero incidente. Desde aquela época, Cal se sentiu abandonado, magoado, excluído, desamado e sem importância. Ele não identificou, nem reconheceu e tampouco nomeou esses sentimentos. Em vez disso, internalizou-os e acrescentou-os ao cofre.

Como tributo a Cal e com o risco de entristecer o leitor, gostaria de completar aqui sua história. Quando aprendeu a reconhecer seus sentimentos e a nomeá-los, Cal se suavizou visivelmente. Nos vários anos de terapia, ficou mais aberto com os amigos, que reagiram ligando mais para ele. Como terapeuta, comecei a ouvir falar de velhos conhecidos que surgiam do nada, ligavam para ele e se encontravam com ele. Cal parou de beber e começou a aprender a cozinhar. Em vez de beber sozinho em casa, às vezes saía com amigos e outras vezes ficava em casa e fazia um panelão de *chili* ou preparava uma carne de panela. Engordou e ficou fisicamente mais forte e saudável. Os planos de suicídio sumiram.

Ele só pôde apreciar essa conexão recém-encontrada com o mundo por pouco tempo. Estava sóbrio havia dois anos quando encontraram uma mancha em seu pulmão. O câncer foi para o cérebro, e calcularam que ele teria nove meses de vida. Nesses nove meses, ele continuou a vir à terapia enquanto foi fisicamente capaz. Os amigos se revezaram lhe fazendo companhia, visitando-o no hospital e cozinhando para ele. No fim, ele não morreu sozinho, mas na companhia dos amigos. Seu médico me ligou para avisar da morte. Choramos ao telefone, porque ambos tínhamos aprendido a amá-lo.

Cal me deixou uma lição valiosíssima, um presente de despedida: as cicatrizes da negligência emocional não têm de ser permanentes. E nunca é tarde demais.

SINAIS E SINTOMAS DE ALEXITIMIA

- Você tem tendência a se irritar;
- Raramente tem consciência de seus sentimentos;
- É comum ficar perplexo com o comportamento dos outros;
- É comum ficar perplexo com seu próprio comportamento;
- Quando se zanga, você tende a ser excessivo ou explosivo;
- Às vezes, seu comportamento parece precipitado, para si e para os outros;
- Você se acha fundamentalmente diferente dos outros;
- Falta alguma coisa dentro de você;
- Suas amizades não têm substância, nem profundidade.

Henry David Thoreau disse: "A maioria dos homens leva uma vida de calado desespero". Estou convencida de que ele se referia às legiões de pessoas feridas na infância que não são capazes de reconhecer, rotular ou crescer além disso. Minha sincera esperança é de que este livro permita a você ver os remanescentes disso em sua vida e juntar coragem para vencer a negligência emocional.

4

SEGREDOS COGNITIVOS: O PROBLEMA ESPECIAL DOS SENTIMENTOS SUICIDAS

Este capítulo vai tratar de um assunto do qual ninguém gosta de falar e sobre o qual a maioria não quer nem pensar. Se você nunca pensou em suicídio e não conhece ninguém que tenha pensado, sinta-se à vontade para pulá-lo. Juro que isso não vai atrapalhar a experiência geral de leitura deste livro e você não perderá nada.

Mas, se você já foi afetado de alguma forma por ações e pensamentos suicidas, seus ou de outra pessoa, continue lendo.

O tema suicídio é desagradável e assustador. Para a maioria, é inimaginável, impensável. Alguns veem o suicídio como um ato egoísta. Outros, como um ato de covardia. A maioria passa a vida fazendo o possível para evitar a morte. É dificílimo entender o que motiva alguém a buscar a morte pelas próprias mãos. Deve exigir algo muito drástico, como um *evento* negativo grave, não é?

Muito embora tendamos a fazer o possível para evitar o tema, muita gente conhece alguém que já pensou, tentou ou cometeu suicídio. De acordo com o National Institute of Mental Health, em 2007 houve 34.598 suicídios nos Estados Unidos. São 95 por dia. Nesse ano, o suicídio foi a sétima maior causa de morte para os homens e a 15ª para as mulheres. Essa estatística não inclui as 1.045 tentativas de suicídio que ocorrem todo dia nos Estados Unidos. E, com certeza, não inclui o número não revelado de pessoas que, em silêncio, durante um longo período da vida, pensam em se matar.

As pessoas se matam por uma infinidade de razões. Às vezes, é realmente algo muito drástico: a reação a um evento negativo extremo, como uma humilhação ou um fracasso em público. Outras vezes, é a tentativa da pessoa de evitar a consequência de suas ações, como uma pena de prisão, por exemplo. Outros ainda se matam devido ao transtorno bipolar ou à depressão grave ou crônica. Embora sempre chocante e desconcertante para a comunidade e para as pessoas amadas que ficam para trás, pelo menos é possível ter alguma clareza sobre o *porquê* quando há algum evento ou alguma doença que se possa identificar como catalisador. No entanto, nem sempre é assim.

──── **ROBYN** ────

Robyn, de 32 anos, mora no centro de Seattle. Tem um magnetismo discreto e natural que a torna notada pelos outros. Seu cabelo é comprido e avermelhado, e ela o usa no topo da cabeça, preso por uma presilha ou num rabo de cavalo bagunçado. Quando a conhecem, as pessoas não conseguem deixar de notar a combinação incomum de cabelo avermelhado e olhos azuis cristalinos, e Robyn recebe muitos comentários sobre eles. Muitas pessoas acham que estão fazendo um elogio ao mencionar isso e se surpreendem quando, em resposta, Robyn fica sem graça. Na verdade, ela fica muito pouco à vontade com o fato de sua aparência ser incomum ou digna de nota. Mesmo com 32 anos, ela tenta minimizar sua aparência, porque se sente muito melhor quando consegue passar despercebida.

Robyn é solteira; nunca se casou. Formou-se em Psicologia com 21 anos, mas, depois de alguns anos em vários empregos, decidiu que não era possível ganhar a vida assim. Nesse momento, voltou a estudar; hoje, tem um MBA da UCLA. Conseguiu um ótimo emprego que paga bem e mora num belo apartamento num bairro agradável do centro da cidade. Sua casa fica a 1,5 quilômetro da academia e, nos fins de semana, é comum vê-la correndo na ida e na volta para obter a combinação correta de musculação e aeróbica. Os amigos de Robyn adoram implicar com ela por causa de seus hábitos saudáveis. Ela presta atenção ao que come e tem fobia a comida queimada, pois ouviu dizer que alimentos carbonizados podem causar câncer de estômago. Os amigos costumam oferecer atum em lata quando a convidam para um churrasco. O esforço a mais é compensado pela diversão de implicar com ela sobre esse hábito excêntrico, o que ela aceita com tranquilidade.

Os amigos de Robyn a descrevem como uma contradição. Acham que podem lhe contar qualquer coisa, porque ela é ótima em ouvir e dar conselhos e seu feedback é ponderado e confiável. Mas ela raramente fala de si mesma. É muito boa em dar, mas não pede aos amigos apoio nem conselhos. Além disso, às vezes é impossível encontrá-la. Robyn pode passar semanas sem atender ao telefone. Os amigos brincam que ela está no "modo eremita". Embora aceite convites para atividades sociais, raramente propõe alguma. Na verdade, a maioria dos amigos de Robyn nunca visitou seu apartamento. Em geral, seu comportamento é silencioso e discreto, mas, se tomar alguns drinques, ela se torna a alma da festa. Seu senso de humor sarcástico emerge, e ela fica engraçada e até socialmente *ousada. Os amigos sentem nela uma profundidade, mas às vezes se frustram por não poderem atingi-la. É como se Robyn fosse uma excelente amiga que, quando entra em "modo eremita", fica completamente inacessível.*

Em certa noite de sábado, em junho, Robyn foi a um churrasco na casa da amiga Trish, que tinha uma nova receita surpreendentemente deliciosa de martíni com limão. Enquanto todos comiam capa de filé na grelha, Robyn ficou com seu sanduíche de atum e três martínis com limão. Como sempre, foi engraçadíssima naquela noite. Jogaram pôquer até a madrugada, quando finalmente decidiram que bastava e foram para casa.

Dois dias depois, Trish recebeu um telefonema da irmã de Robyn com uma notícia chocante. Ao passar para visitá-la, a irmã se alarmou porque Robyn não atendeu à porta e a encontrou desacordada. Robyn tinha tomado uma overdose de comprimidos no domingo, dia seguinte ao churrasco.

No círculo de amigos, familiares e colegas de Robyn, ninguém entendeu essa ação autodestrutiva. Por que uma pessoa tão inteligente, amada e bem-sucedida faria aquilo? Robyn tinha tudo. Por que tentaria tirar a própria vida? Por que não deu sinais? Por que ninguém percebeu nenhum indício de que Robyn planejava se matar? Todas as pessoas que gostavam de Robyn vasculharam o cérebro atrás da pista que não conseguiram perceber. Analisaram cada segundo que passaram com Robyn na semana anterior. Ninguém, nem os amigos do churrasco, encontrou nada.

Há muitíssimos suicídios que parecem impossíveis de ligar a algum evento ou doença. Às vezes, há pessoas que parecem estar no topo do mundo: alunos de Harvard, empresários de sucesso, atletas do ensino médio que só tiram 10. Ou pode ser simplesmente um amigo, vizinho, colega ou irmão que todo mundo achava que estava bem. Às vezes, há um gatilho identificável, mas que não parece importante a ponto de levar a pessoa a se matar. Muitas vezes os entes queridos da pessoa, além do choque, ficam confusos e perplexos. Os que ficam acabam às voltas com perguntas sem resposta, não só *como ele pôde fazer isso*, mas *por que fez?*

Para tentar responder a essa pergunta, voltemos a Robyn. Até aqui, você a conheceu do mesmo jeito que os amigos e familiares. Por fora. Então, vejamos o mundo interior de Robyn para entender por que ela fez algo tão extremado e o que realmente acontecia com ela.

ROBYN

Robyn cresceu numa cidadezinha pacífica do estado de Washington. Era a terceira de cinco filhos de pais atentos e amorosos. O pai trabalhava como engenheiro mecânico; a mãe ficou em casa até os filhos chegarem à adolescência, quando voltou a trabalhar como auxiliar de classe no sistema escolar local.

Em vários aspectos, a infância de Robyn foi boa. Ela e os irmãos tinham idades próximas. Moravam num bairro arborizado cheio de famílias e crianças, e nunca faltavam amiguinhos para brincar. Ela era próxima das irmãs. A família, que não era rica, tinha dinheiro suficiente para levar uma vida boa: não havia carências nem estresse financeiro. Todo mês de abril, eles faziam as malas e passavam uma semana na Disney; todo mês de dezembro, passavam a semana de Natal e Ano-Novo em Portland, no estado do Oregon, com os avós das crianças.

Os pais de Robyn raramente brigavam e tinham pouquíssima tolerância a qualquer tipo de negatividade. Quando surgia um conflito entre as crianças, como acontece com todos os irmãos, os pais mandavam todos os envolvidos imediatamente para o quarto. Não importava a razão da briga ou se alguém estivesse claramente certo ou vitimizado. O lema dos pais era "tolerância zero". Eles também aplicavam essa regra às reclamações e a qualquer expressão de infelicidade, tristeza ou frustração. O resultado foi um lar tranquilo. As crianças logo aprenderam que, se tivessem algo negativo na mente, era melhor guardar para si mesmas. Mamãe e papai se recusavam a ser sobrecarregados com essas bobagens. Queriam que o lar fosse feliz e cooperativo, onde todos se entendessem bem e ninguém ficasse insatisfeito. Também, com cinco filhos para administrar, eles achavam que não tinham tempo e energia para resolver crises, acalmar lágrimas e aliviar frustrações. A política de Tolerância Zero lhes permitia manter o comando da casa e, segundo sentiam, uma visão positiva da vida.

Robyn e os irmãos raramente ficavam em casa. Desde pequenos, preferiam muito mais correr livres pelo bairro com os irmãos e amigos. Fora de casa, tinham liberdade para reclamar, brigar e exprimir seus pensamentos e sentimentos, positivos ou negativos. Os irmãos de Robyn achavam isso revigorante e libertador. Conseguiram descobrir que os sentimentos que os pais não toleravam eram aceitáveis em outros lugares. Mas Robyn era diferente.

Desde que nasceu, foi uma criança sensível. Terceira filha dos pais, eles logo notaram que sua personalidade era diferente da dos irmãos mais velhos. Ela chorava muito. Reclamava quando a mãe lhe calçava meias ou lhe dava uma chupeta nova e não a conhecida. Os pais a apelidaram de "chorona eterna". Quando começou a andar e, finalmente, chegou à idade de ir para o jardim de infância e a escola, recebeu da família muitas zombarias bem-humoradas por cair em prantos tão depressa. As lágrimas silenciosas tendiam a causar zombarias bobas. Mas o choro ruidoso era outra questão. Quando as lágrimas de Robyn faziam barulho, os pais adotavam a política de Tolerância Zero e ela era imediatamente mandada para o quarto.

Com tudo isso, Robyn aprendeu uma lição poderosa. A emoção negativa era ruim e não seria tolerada. Ela aprendeu que qualquer sentimento seu que não fosse alegre, divertido e positivo deveria ser guardado dentro de si e escondido com cuidado. Sentia vergonha de ter esses sentimentos e, em silêncio, prometeu nunca deixar que fossem vistos. Com o tempo, aprendeu tão bem a lição que escondia até de si mesma as emoções negativas. Fazia questão de se manter positiva e animada o tempo todo. Quando, periodicamente, chegava a ponto de não conseguir se mostrar animada, ela se recolhia completamente e se enfiava em seu apartamento. Então, passava todo o tempo no trabalho, completamente absorta nos deveres profissionais, ou trancada no apartamento, assistindo vorazmente aos programas de TV. Isso a ajudava a controlar pensamentos e sentimentos até recuperar sua energia para continuar combatendo toda a negatividade e ser "feliz" de novo.

Mais do que travar essa batalha, Robyn a vivia. Sua vida se organizava em torno de garantir que não revelasse, visse, soubesse nem sentisse nada negativo dentro de si. Isso exigia uma energia tremenda. Ela estava tão decidida a esconder do mundo a parte negativa e vergonhosa de si mesma (sua versão da Falha Fatal) que não podia permitir que ninguém a conhecesse bem demais. Por isso os amigos não eram convidados a visitar seu apartamento. Ela temia que captassem um vislumbre de uma parte dela que não queria que fosse vista.

É importante notar que, durante tudo isso, Robyn era intensamente solitária. Sabia que os pais, a família e os amigos a amavam. Mas não se sentia amada. É difícil nos sentirmos amados por quem na verdade não nos conhece, e na verdade ninguém conhecia Robyn. Nem mesmo ela. Robyn se sentia completamente isolada do resto da humanidade. Os outros pareciam felizes e completos. Pareciam se conhecer, cuidar uns dos outros e ser livres. Ninguém parecia esconder partes suas, nem viver essa luta. Robyn sentia que estava no lado de fora da vida olhando para dentro, observando-se como se estivesse numa tela de cinema, desconectada, sozinha e absolutamente desconhecida. Muitas vezes se perguntava sobre as razões de estar viva. Se a vida era tão vazia, com tanto sofrimento, dor e falta de recompensa, por que vivê-la?

Desde a adolescência, Robyn tinha essa sensação de "estar no lado de fora olhando para dentro". Aos 13 anos, começou a se perguntar o que havia de errado com ela. Teve uma ótima infância, e não havia explicação para se sentir tão defeituosa. Faltava alguma coisa, havia algo doente dentro dela, um vazio secreto. A única maneira de se consolar era se imaginar morta. Estar morta seria um grande alívio. Ela não tinha a mínima intenção de se matar, mas reservava a possibilidade como uma rede de segurança. Se chegasse a ponto de não tolerar mais a dor, sempre poderia dar fim à vida. Então não haveria mais luta, vazio, solidão e dor. Robyn usou as fantasias de estar morta e seu conhecimento secreto da rede de segurança como método principal de se consolar dos 13 anos até a idade adulta, mas não disse nem uma palavra a ninguém.

Agora, voltemos ao dia seguinte ao churrasco, quando Robyn usou sua rede de segurança. Eis o que aconteceu naquele dia:

Robyn acordou com uma leve ressaca e a lembrança da diversão excelente da noite anterior. Serviu-se de flocos de milho e se sentou diante da TV. Sentia uma nuvem escura pendendo sobre a cabeça, pois vinha combatendo o "modo eremita" havia algumas semanas. Estava exausta, letárgica, vazia e, acima de tudo, dormente. Tentou fazer a dormência e o vazio irem embora assistindo a um antigo episódio de Andy Griffith. *Não deu certo. Então, ela se deitou no sofá e começou a imaginar que estava morta, o que geralmente ajudava. Dessa vez, não deu certo: o vazio e a dor só ficaram mais intensos. Ela se levantou e andou de um lado para outro na sala de estar. Enquanto isso, a nuvem escura ficava mais escura ainda, o vazio mais profundo. Parte de sua mente preocupada notou que* Os Waltons *tinham começado depois de* Andy Griffith *na TV. Isso a fez voltar a uma lembrança da infância em que a família zombou dela incansavelmente por chorar num episódio de* Os Waltons. *De repente, além do vazio, Robyn sentiu ódio e uma vergonha intensa se empilharem sobre ela. Desesperada para dar fim à dor ainda pior, ela correu até o banheiro e engoliu todos os comprimidos que encontrou no armário de remédios, muitos deles guardados para o caso de ela ficar desesperada a esse ponto.*

Como se pode ver, a Robyn que todos conheciam e amavam não era a Robyn real. Em essência, ela era uma bomba-relógio programada para explodir periodicamente. O que havia de diferente nessa situação específica que fez Robyn agir com base na fantasia? Não foi um evento drástico. Foi um programa de TV que lhe trouxe culpa e vergonha em força máxima no pior momento possível. Robyn já corria risco antes que *Os Waltons* começasse, mas a lembrança familiar de crítica e humilhação foi a última gota que a mergulhou ainda mais fundo no próprio poço de solidão e isolamento insuportáveis. Em última análise, só foi preciso uma reprise de *Os Waltons*.

Robyn teve sorte com a visita da irmã. Muita gente como Robyn só é encontrada tarde demais. São as pessoas que não recebem ajuda. Não chegam a compartilhar nem entender sua dor e não conseguem explicar seus últimos momentos a ninguém. Muitas vezes, creio que são essas pessoas que deixam os entes queridos confusos e perplexos, sem jamais entender o que aconteceu.

Antes de voltarmos a algumas pessoas que conhecemos no Capítulo 3 e que nos ajudarão a ver o problema sob ângulos diferentes, façamos uma pausa para pensar na possível relação entre sentimentos suicidas e negligência emocional. Aqui, eu gostaria de lembrar que os seres humanos são projetados para sentir emoções. Quando esse projeto sofre um curto-circuito, primeiro pelos pais emocionalmente negligentes, depois pela própria criança como adulta, todo o sistema sai do prumo. Imagine um sorvete sem açúcar ou um programa de computador do qual alguns comandos mais básicos foram removidos. Essa é a disfunção da psique humana quando as emoções são expulsas.

Em muitos aspectos, o vazio ou a dormência são piores do que a dor. Muita gente me disse que preferia muito mais sentir *alguma coisa* a não sentir *nada*. É dificílimo reconhecer, entender ou pôr em palavras algo *ausente*. Se você conseguir pôr o vazio em palavras para explicá-lo a outra pessoa, será dificílimo para ela entendê-lo. O vazio é como *nada* para os outros. E nada é nada, nem bom, nem mau. Mas, no caso do funcionamento interno do ser humano, nada, definitivamente, é alguma coisa. Na verdade, o vazio é um sentimento, em si e por si. E descobri que esse sentimento pode ser muito intenso e potente. Na verdade, ele tem o poder de levar as pessoas a fazer coisas extremas para fugir dele.

Lembra-se de **Simon**, o belo homem bem-sucedido de 38 anos que saltava de paraquedas? Talvez você recorde que Simon tinha sentimentos suicidas por se sentir vazio e dormente. Para ele, a vida não tinha conexão, significado nem paixão. A emoção dos saltos durava pouco e era insuficiente para lhe dar uma razão para viver.

David, por outro lado, internalizou a mensagem "não tenha sentimentos, não demonstre sentimentos, nunca precise de nada nem de ninguém". Seus sentimentos suicidas se baseavam no desejo de cumprir essa ordem que, inconscientemente, absorveu dos pais. Como David era realmente um ser humano vivo, com sentimentos e necessidades, a única maneira que conhecia de cumprir a ordem era estar morto. Na verdade, quando o conheci, ele já tinha parado de se envolver com a vida.

Você deve recordar que **Laura** passou pela vida com os sentimentos completamente desconectados. Ela usava cerveja e cortes na pele para libertá-los, mas pagava por isso com uma vergonha intensa. Laura vivia na prisão de suas próprias falhas autopercebidas. Sentia-se uma mercadoria danificada, desconectada e impossível de ser amada. Os sentimentos suicidas de Laura vinham da raiva de si mesma por ter sentimentos e necessidades que era incapaz de aceitar, admitir ou abolir. Nesse aspecto, ela se parecia com **Robyn**.

Cal tinha o plano de se matar no fim do milênio. A ideia de morrer de um modo grandioso era consoladora para ele, porque sentia que as pessoas que o cercavam finalmente conseguiriam ver a dor que ele sempre fora incapaz de lhes transmitir com palavras.

Quando era tomado pela emoção, usava essa fantasia de escape grandioso para se acalmar.

Acredito que essas quatro pessoas emocionalmente negligenciadas corriam grande risco de pôr em prática seus sentimentos suicidas. Se não tivessem entrado em tratamento na hora certa, cada um deles seria capaz de atentar genuinamente contra a própria vida. Aqui estão alguns fatores que os quatro e Robyn tinham em comum:

- Vazio e dormência;
- Sofrimento em silêncio;
- Questionamento do significado e do valor da vida (de que adianta viver?);
- Fantasia de fuga.

É importante notar que David, Laura, Robyn e Cal tinham pais amorosos e bem-intencionados. Todos cresceram em lares confortáveis de classe média e foram bem tratados. Nenhum sofreu abuso, e cada um deles teve todos os elementos de uma infância adorável. Para essas pessoas, realmente só havia uma única coisa muito errada. E essa coisa errada era invisível. Era algo imperceptível, algo que *faltava* e que ninguém, dentro ou fora da família, conseguia ver.

Para uma pessoa com negligência emocional, a dormência e o sofrimento ficam em segredo. Como todas as outras emoções, não são divididas com mais ninguém. Com o tempo, dá para imaginar o preço que isso cobra de qualquer ser humano. Assim como as enchentes em uma bacia hidrográfica, aos poucos elas desgastam o leito da existência: a energia da pessoa, sua motivação, autoestima e engajamento com a vida.

PARTE 3

COMO ENCHER O TANQUE

5

COMO OCORRE A MUDANÇA

Antes de começarmos o processo de tentar corrigir o que falta, é importante reservar um tempinho para pensar na mudança: como ela acontece ou deixa de acontecer, o que a atrapalha e o que fazer se não for como você gostaria (e raramente é).

Você verá nos próximos capítulos que incluí algumas **Planilhas de Mudança**. Elas são pensadas para você usar nas tentativas de preencher os espaços vazios e abordar os hábitos que podem ter se desenvolvido a partir da negligência emocional. Essas planilhas não pretendem, de modo algum, insinuar que a mudança seja tão unidimensional quanto uma folha de papel. O que me preocupa é que, ao avançar pelo capítulo, você as perceba como uma abordagem de tamanho único para as lutas profundas, complexas e individuais que enfrenta.

Adotar uma abordagem fabril de tamanho único *não* é minha intenção. Essa abordagem só aumentaria a negligência emocional, que é a última coisa que desejo fazer. Portanto, enquanto lê os capítulos desta terceira parte, saiba que pretendo que você adote a abordagem do bufê. Escolha as **Planilhas de Treino**, técnicas e sugestões que se apliquem a *você* e ajuste-as de forma a serem úteis a *você*.

Enquanto isso, vamos falar de alguns fatores muito poderosos que podem atrapalhar sua mudança. Entendê-los e tê-los em mente quando começar as transformações ajudará você a percebê-los assim quando surgirem. Também ajudará a trabalhar com eles caso comecem a puxá-lo para trás.

FATORES QUE ATRAPALHAM O SUCESSO DA MUDANÇA

1. FALSAS EXPECTATIVAS

- **De que a mudança será linear:** é natural esperar que, depois de começar a trabalhar na mudança, você veja o sucesso se desenvolvendo gradualmente, ficando cada vez melhor com o tempo. Imagine uma escada em que você sobe um degrau de cada vez, num avanço constante para cima. A maior parte das mudanças reais não funciona assim. Elas vêm aos trancos e barrancos. Dois passos para a frente, um passo para trás. O segredo é continuar trabalhando nos passos para trás de forma constante e persistente até dar outro passo adiante.

- **De que reveses são fracassos:** o perigo de você sentir que fracassou quando houver um revés é que o sentimento de fracasso pode se transformar facilmente em raiva de si mesmo. E a raiva autodirecionada é inimiga do processo. Pode tirar você do rumo ou jogá-lo para trás.

- **De que, se você sair do rumo, é melhor desistir:** sair do rumo faz parte do processo de mudar. Se quer comer melhor, se exercitar ou mudar qualquer comportamento ou hábito antigo, há uma probabilidade muito grande de que sairá do rumo mais de uma vez. Não tem absolutamente nenhum problema se acontecer e é irrelevante para o sucesso final, desde que você não desista.

2. EVITAÇÃO

A mudança é difícil em muitos níveis. Em primeiro lugar, você tem de se forçar a fazer uma coisa que parece estranha; em segundo, tem de se forçar a fazer uma coisa que acha difícil; em terceiro, tem de ser persistente, como descrito acima; em quarto, mudar exige muito trabalho.

Uma reação natural aos quatro desafios acima é a evitação. Já não é bastante difícil assumir todos eles? Não seria mais confortável simplesmente tirar isso da cabeça e não se preocupar com essas batalhas? É claro que seria! Mas, assim como a raiva autodirecionada, a evitação é inimiga do processo. Ela pode acenar como um oásis no deserto, mas deixará você morrendo de sede.

A única maneira de lidar com a atração natural da evitação é encará-la. Observe os momentos em que a evitação aparece e, então, vire-se e questione-a. Lembre-se de que ela levará você para um beco sem saída. Lembre-se de que todas as coisas que valem a pena exigem esforço. Então, pegue sua **Planilha de Mudança** e comece a trabalhar.

3. DESCONFORTO

A mudança pode ser muito assustadora. Quando começa a se sentir diferente do seu eu antigo ou quando as pessoas começam a reagir a você de outro modo por causa das mudanças que fez, parece que a vida vira um mundo alienígena. É difícil saber como se comportar e reagir. De repente, as situações não parecem tão seguras quanto antigamente.

Em minha experiência, a maioria das pessoas não tem consciência do desconforto. Mas o sentem e aí, naturalmente, querem recuar das mudanças e voltar para onde estavam. Esse é um sentimento completamente natural e uma reação normalíssima. Mas é tão perigosa quanto qualquer um dos fatores de que falamos acima. Ela joga você de volta à casa 1. Por exemplo, muita gente, depois de perder os primeiros quilinhos, se sente diferente. Mesmo que seja melhor, também é estranho, e isso é desconfortável. Assim, as pessoas perdem o ânimo, e o esforço se desfaz. Tenha consciência da forte possibilidade de que isso aconteça com você. Fique de olho. Reconheça que é normal, mas destrutivo. Não deixe que isso o derrube. Só continue avançando.

6

POR QUE OS SENTIMENTOS SÃO IMPORTANTES E O QUE FAZER COM ELES

"Embora muitos se vejam como criaturas pensantes que sentem, em termos biológicos somos criaturas sensoriais que pensam."

Dra. Jill Bolte Taylor, neurocientista

1. ENTENDER O PROPÓSITO E O VALOR DAS EMOÇÕES

Em nossa sociedade, subvalorizamos a emoção. Geralmente ela é vista como um incômodo. Frequentemente, aplicam-se a ela palavras como "piegas", "melosa" ou "brega". A emoção é considerada infantil, afeminada ou fraca. É vista como a antítese do pensamento. Temos a tendência de supor que as pessoas inteligentes não são emocionais e que as pessoas emocionais não são inteligentes. A realidade é que as pessoas mais inteligentes são as que usam as emoções para ajudá-las a pensar e usam os pensamentos para lidar com as emoções. O segredo é usar a emoção de maneira saudável e equilibrada. Escute o que seus sentimentos lhe dizem e, então, imagine um modo de atuar com base neles para melhorar a situação, a vida ou o mundo ao seu redor. Muitas descobertas científicas valiosíssimas foram feitas porque os cientistas eram apaixonados por seu tema de estudo. A paixão dos cientistas pode ser provocada pelo pesar, por exemplo, ou pelo desejo de descobrir como ajudar um ente querido que sofre. Mas a maioria das pessoas bem-sucedidas é movida pelo sentimento.

Os neurocientistas estudaram extensamente o desenvolvimento evolutivo do cérebro humano. Em nós, a capacidade de sentir emoções evoluiu milhões de anos antes da capacidade de pensar. As emoções humanas se originam no sistema límbico, enterrado bem fundo abaixo do córtex cerebral, a seção do cérebro onde se origina o pensamento. Dessa maneira, os sentimentos são uma parte mais básica de quem somos do que os pensamentos. Eles são uma parte fisiológica do corpo, como as unhas e o joelho. A emoção não pode ser apagada e não será negada, assim como não podemos apagar nem negar a fome e a sede, os cotovelos e o lóbulo das orelhas.

Por que a emoção evoluiu? Às vezes, ainda mais em pessoas emocionalmente negligenciadas, a emoção parece um fardo. Não seria melhor se não tivéssemos de nos sentir tristes quando temos um conflito com um amigo, zangados quando alguém nos corta no trânsito ou ansiosos antes de uma entrevista de emprego? Na superfície, talvez parecesse mais fácil não termos esses sentimentos. Mas minha crença é que, *se não tivéssemos emoções, a vida não seria melhor. Na verdade, não seria sustentável.*

A emoção é necessária para a sobrevivência. Ela nos diz quando estamos em perigo, quando correr, quando lutar e pelo que vale a pena lutar. A emoção é o modo como o corpo se comunica conosco e nos leva a fazer as coisas. Veja alguns exemplos do propósito de algumas emoções:

Emoção	*Função*
medo	nos avisa para fugir/autopreservação
raiva	nos força a reagir/autoproteção
amor	nos leva a cuidar de cônjuge, filhos, outros
paixão	nos leva a procriar, criar e inventar
mágoa	nos força a corrigir uma situação
tristeza	nos diz que estamos perdendo algo importante
compaixão	nos força a ajudar os outros
nojo	nos diz para evitar alguma coisa
curiosidade	nos leva a explorar e aprender

Já deu para entender. Para cada emoção há um propósito. As emoções são ferramentas utilíssimas que nos ajudam a nos adaptar, sobreviver e prosperar. As pessoas emocionalmente negligenciadas foram treinadas para tentar apagar, negar, enterrar e, em alguns casos, ter vergonha desse valioso sistema embutido de feedback. Como não escutam as emoções, elas funcionam com desvantagem em relação aos outros. Afastar essa fonte importantíssima de informações nos torna vulneráveis e potencialmente menos produtivos. Também dificulta vivenciar uma vida mais plena.

Mas as emoções fazem mais do que nos levar a fazer coisas. Elas também alimentam as conexões humanas que dão a profundidade e a riqueza que fazem a vida valer a pena. Acredito que essa profundidade e essa riqueza são o que dá a melhor resposta à pergunta "qual é o significado da vida?". A conexão emocional com os outros nos ajuda a afastar o sentimento de vazio e a angústia existencial.

2. IDENTIFICAR E DAR NOME AOS SENTIMENTOS

Lembra-se de Cal, nosso exemplo de alexitimia do Capítulo 3? Uma parte significativa do problema de Cal era que ele não tinha *nenhuma* consciência de que suas emoções existiam. Até certo ponto (embora nem sempre com tanta gravidade), isso acontece com todas as pessoas emocionalmente negligenciadas. Talvez você se recorde dos sentimentos não diferenciados e internalizados que apodreciam dentro dele e só emergiam como raiva e irritação.

As emoções fazem várias coisas interessantes quando são enterradas ou ignoradas. Elas podem:

- Tornar-se sintomas físicos, como sofrimento gastrointestinal, dor de cabeça e dor nas costas;
- Transformar-se em depressão e provocar problemas com alimentação, sono, memória, concentração e isolamento social;
- Consumir sua energia;
- Fazer você explodir em momentos aleatórios ou dar ataque "por nada";
- Agravar a ansiedade e/ou os ataques de pânico;
- Manter superficiais, sem profundidade, os relacionamentos e as amizades;
- Fazer você se sentir vazio e não realizado;
- Levar você a questionar o propósito e o valor de sua própria vida.

O primeiro passo para interromper (ou prevenir) qualquer uma das coisas acima é aprender a reconhecer seus sentimentos e colocá-los em palavras. Há algo quase mágico em dizer "estou triste", "estou frustrado" ou "você me magoou quando fez isso". Quando identifica e dá nome aos sentimentos, para si ou para alguém, você assume o volante e pisa no acelerador. Pega algo de dentro e o coloca do lado de fora. Torna conhecido o desconhecido. Assume o comando. E aproveita ao máximo um recurso valioso: suas emoções, o combustível da vida.

3. APRENDER A AUTOMONITORAR OS SENTIMENTOS

Identificar e dar nome aos sentimentos é uma habilidade. Como qualquer habilidade, tem de ser trabalhada e exige muito esforço para se desenvolver. Aqui, aprenderemos um exercício que vai ajudar. Quando o fizer pela primeira vez, é importante que esteja sozinho num cômodo sem distrações.

EXERCÍCIO DE IDENTIFICAR E DAR NOME
1ª etapa: Feche os olhos. Imagine que uma tela em branco ocupa sua mente e expulsa todos os pensamentos. Concentre toda a sua atenção na tela e leve-a para dentro.

2ª etapa: Faça a si mesmo a pergunta:

"O que estou sentindo agora?"

3ª etapa: Concentre-se na experiência interna. Tome consciência de qualquer pensamento que apareça e apague-o com rapidez. Mantenha o foco em:

"O que estou sentindo agora?"

4ª etapa: Tente identificar nomes de sentimentos para exprimir o que sente. Talvez você precise de mais de uma palavra.

5ª etapa: Se tiver dificuldade para identificar os sentimentos, dê uma olhada na **Lista de Sentimentos**, na seção Recursos para a Recuperação, no fim do livro, e veja se uma ou mais palavras chamam sua atenção.

6ª etapa: Quando um nome de sentimento lhe parecer correto, você estará pronto para a parte seguinte, que é tentar descobrir *por que* você o sente.

Portanto, agora pergunte-se:

"Por que estou me sentindo _____ agora?"

Determinar as razões por trás dos sentimentos pode ser dificílimo para muita gente e, mais ainda, para quem sofreu negligência emocional. Fazer perguntas sobre o sentimento ajuda a entender por que você o sente. Portanto, vamos usar um exemplo aqui para ilustrar o que você pode fazer. Suponhamos que o sentimento que você identificou foi a tristeza.

Novamente, feche os olhos, volte sua atenção para dentro e faça-se as perguntas a seguir, quantas forem necessárias, para desenvolver a compreensão do sentimento.

"O que está acontecendo agora em minha vida que pode me deixar triste?"

"Alguma coisa recentemente acontecida me aborreceu?"

"Algo triste ou perturbador do passado foi trazido de volta por eventos recentes?"

"Esse sentimento de tristeza é familiar para mim?"

"Já senti essa tristeza muitas vezes?"

"Se senti, quando e por quê?"

"Esse é um sentimento subjacente que costumo ter?"

"Se for, o que aconteceu no passado que pode ter dado início a ele?"

O exercício parece simples, mas não é nada fácil. Em geral, as pessoas emocionalmente negligenciadas têm muita dificuldade de ficar consigo mesmas, e esse é um requisito para o exercício dar certo. Se a primeira tentativa parecer muito difícil ou até impossível, continue tentando. Algumas pessoas acharam útil fazer aulas de ioga ou meditação para criar a habilidade de foco interno que aqui é tão importante. Você está forçando o cérebro a realizar várias atividades novas. Em essência, está forjando novas redes neurais, que ficam mais fortes e têm desempenho melhor cada vez que você as usa, mesmo quando não há sucesso.

Use a **Planilha de Sentimentos** a seguir como modelo para registrar seus sentimentos pelo menos três vezes por dia. A meta será se tornar aos poucos mais capaz de se voltar para dentro e sintonizar naturalmente as emoções que ocorrerem. Quando essa consciência começar a surgir, finalmente você terá acesso a todo o poder que as emoções lhe dão. E será liberado do trabalho destrutivo e penoso de suprimi-las.

PLANILHA DE SENTIMENTOS

*Registre seus sentimentos três vezes por dia. Use a **Lista de Sentimentos**, da seção Recursos para a Recuperação, quando necessário.

DOM	Manhã	
	Tarde	
	Noite	
SEG	Manhã	
	Tarde	
	Noite	
TER	Manhã	
	Tarde	
	Noite	
QUA	Manhã	
	Tarde	
	Noite	
QUI	Manhã	
	Tarde	
	Noite	
SEX	Manhã	
	Tarde	
	Noite	
SÁB	Manhã	
	Tarde	
	Noite	

Personalize essa **Planilha de Sentimentos** de acordo com sua necessidade. Como eu já disse, essa abordagem não é tamanho único! Se for difícil continuar ou se tiver medo de não estar fazendo corretamente, leia mais uma vez o Capítulo 5, Como ocorre a mudança.

Agora que tem suas emoções, estamos prontos para aprender o que fazer com elas.

4. ACEITAR E CONFIAR NOS PRÓPRIOS SENTIMENTOS

Se você sofreu negligência emocional, é provável que tenha dificuldade em aceitar seus sentimentos e confiar neles. Algumas pessoas emocionalmente negligenciadas não têm nenhuma consciência da existência de emoções (como Cal). Outras enterram as emoções porque têm a noção arraigada de que os sentimentos são ruins, que sobrecarregarão os outros ou os transformarão em pessoas más. Lembre-se das três seguintes regras.

1) NÃO EXISTE EMOÇÃO RUIM

As emoções em si não são boas nem ruins, certas nem erradas, morais nem amorais. Todos os seres humanos já sentiram raiva, ciúme, ódio, destrutividade e superioridade, por exemplo, num momento ou outro. A maioria já teve até sentimentos homicidas. Em si, esses sentimentos não são ruins e não nos transformam em más pessoas. O que fazemos com eles é que importa. Não se julgue por seus sentimentos. Julgue-se por suas ações.

2) NEM SEMPRE OS SENTIMENTOS TÊM UM SENTIDO RACIONAL, MAS SEMPRE EXISTEM POR BOAS RAZÕES

As emoções não seguem os princípios da lógica. Parecem inexplicáveis e imprevisíveis. Mas *toda* emoção pode ser explicada, se você se esforçar o suficiente. Com cada emoção, o corpo tenta nos mandar uma mensagem, por mais esquisita que pareça. Como exemplo, voltemos a David, o empresário quarentão que não teve nenhuma supervisão quando criança. Em certa ocasião, David me contou que, às vezes, sentia nojo e repulsa insuportáveis quando via uma pessoa desconhecida comendo num restaurante. Esse sentimento o deixava perplexo e com medo de estar ficando maluco. Finalmente, com muita exploração da negligência emocional, descobrimos a razão: o sistema límbico de David, sem que ele soubesse, igualava comer, a ingestão de comida, com acolhimento. O próprio David não tinha prazer com a comida. Sentia grande dificuldade em apreciar a nutrição, fosse ao pé da letra, fosse em termos emocionais. De forma inconsciente, sentia nojo quando via alguém baixar a guarda e se permitir ter prazer ao se nutrir. Esse é um exemplo de sentimento que, na superfície, parece irracional e sem sentido, mas na verdade era muito significativo e existia por uma ótima razão.

3) AS EMOÇÕES PODEM SER MUITO PODEROSAS, MAS TAMBÉM PODEM SER CONTROLADAS

As emoções ocultas tendem a ter muito poder sobre nós. Quando temos consciência da emoção, conseguimos controlá-la. David se sentia à mercê do intenso sentimento de nojo e às vezes deixava de ir a restaurantes para evitá-lo. Quando percebeu a fonte do sentimento e não se julgou por ele, chegou a um ponto de plena consciência e aceitação. Começou a combatê-lo, e o sentimento de nojo perdeu a potência. E, por fim, desapareceu por completo.

Os passos do IAAA

IAAA parece o nome de um instituto qualquer, mas não é. **IAAA** significa: **Identificar, Aceitar, Atribuir, Agir**. As três regras acima culminam nestas etapas. São os quatro passos para maximizar o valor de nossas emoções e obter delas energia e orientação. Primeiro, **Identifique** o sentimento; depois, **Aceite**-o. Não julgue se é bom ou ruim. Em terceiro lugar, tente discernir a razão para ter esse sentimento, ou o **Atribua** a uma causa; em quarto lugar, identifique se há alguma **Ação** exigida pela emoção e, se houver, realize-a da forma adequada.

O que você está sentindo agora? Feche os olhos e se faça essa pergunta. Se a resposta for "sobrecarregado", não se desespere. O processo de fazer amizade com suas emoções parece complicado e até insuperável, mas você consegue. Sim, vai levar tempo. Mas, se continuar trabalhando com isso, você começará a notar pequenas mudanças. Elas podem ser sutis e, no começo, parecer sem importância. Mas toda percepção emocional nova é um sinal de que você está crescendo e aprendendo. Caso perceba que está com muita dificuldade ou a ponto de desistir, incentivo você a procurar um terapeuta para ajudá-lo. Um bom terapeuta será capaz de orientá--lo na criação dessa habilidade para que você se torne plenamente conectado, presente e vivo.

5. APRENDER A EXPRESSAR SENTIMENTOS COM EFICÁCIA

Lembre-se: as emoções em si não são ruins; o que fazemos com elas é que importa. Um modo muito eficaz de controlar e usar o poder de nossas emoções é expressá-las adequadamente. Isso significa sem passividade nem agressividade, mas de forma **assertiva** e com **compaixão**. A palavra "assertiva" é muito usada em seminários e treinamentos de negócios. Mas ela tem um significado específico. Quando se expressa de forma assertiva, você o faz de modo que o outro consiga assimilar. Para ser realmente assertivo, você precisa de compaixão e empatia, ou seja, consciência de que o que você vai dizer pode afetar o outro.

Digamos que você esteja trabalhando bastante com todas as etapas do exercício de identificar e dar nome e comece a ter mais consciência de quando fica com raiva. Certo dia, você está esperando para entrar no cinema e um espertinho fura a fila bem na sua frente. Para lidar assertivamente com essa situação, você não guarda a raiva para si; não a cochicha para seu amigo; não grita com o sujeito nem o chama de imbecil (embora dê vontade). Você o cutuca no ombro, consciente (com compaixão) da possibilidade de envergonhá-lo, e diz em voz baixa e firme: "Desculpe, senhor, mas o fim da fila é lá". Espera-se que ele fique sem graça e vá para o lugar certo. Mas obviamente é possível que ele não vá. A questão aqui é que você se expressou em vez de guardar seus sentimentos, que poderiam corroer você por dentro. Embora não possa controlar a reação dos outros, se for assertivo é provável que, seja o que for que o outro faça ou deixe de fazer, você se sinta melhor por ter agido de forma adequada. E sua raiva não ficará presa para provocar dor de cabeça ou nas costas depois.

Vejamos outro exemplo. Digamos que seja sexta-feira e que você esteja animado para sair com sua amiga Betsy depois do expediente. Logo antes de ir embora do trabalho, sua chefe chama você à sala dela e lhe diz que está decepcionada com seu trabalho na conta de Osmar Telo. Ela lhe diz que você precisa subir o nível, senão terá de tirar essa conta de você. Depois de todo esse feedback negativo, ela lhe deseja um "bom" fim de semana. Seu humor despencou devido à surra verbal inesperada que acabou de receber. Você vai encontrar Betsy de mau humor.

Nessa situação, há uma escolha a fazer. Primeira opção: você pode não contar o incidente a Betsy por vergonha ou porque quer apenas deixar isso para lá e aproveitar a noitada. Segunda opção: você pode contar a Betsy o que acabou de acontecer.

Se optar pela primeira situação, é provável que ela saia pela culatra. Você não conseguirá esconder seu aborrecimento, e, provavelmente, Betsy passará boa parte da noite se perguntando por que hoje você não está divertido como sempre. Talvez você beba demais, fique emburrado ou descarregue nela de algum modo.

Se sua escolha for a segunda opção, eis uma descrição do que pode acontecer:

"Betsy, estou muito contente de sairmos hoje, porque preciso mesmo me distrair. Estou muito aborrecido. Você não vai acreditar no que me aconteceu no trabalho. Estou me sentindo malcompreendido, desvalorizado e com raiva." Conte a história a Betty e lhe diga como se sente. Deixe que ela apresente algumas interpretações possíveis, console você ou só escute. Depois da conversa, Betsy

se sentirá mais próxima de você como amiga. Você se sentirá mais próximo de Betsy. Vai tirar tudo isso do peito e terá uma probabilidade bem maior de deixar o problema de lado e ter uma noite melhor.

Observe aqui um fator importantíssimo. Betsy não ajudou você a *resolver* o problema. Ela simplesmente escutou. A magia de se sentir melhor e lidar de modo mais certeiro com as coisas está em pôr seus sentimentos em palavras e expressá-los de maneira apropriada. Se nunca vivenciou essa magia, é importantíssimo tentar. Se for difícil demais fazer isso com um amigo ou um familiar, entre em contato com um terapeuta ou outro profissional da área. Praticamente todos são treinados para ajudar você a aprender esse processo.

Os princípios descritos acima se aplicam a todas as emoções, como desconfiança, descontentamento ou traição. Depois de Identificar, Aceitar e Atribuir, você pode Agir. Pode dar nome aos sentimentos e expressá-los adequadamente. Às vezes, em certas situações, é suficiente ou melhor exprimi-los só para si; outras vezes, será melhor falar com um terceiro não diretamente envolvido; às vezes, será preciso exprimir seus sentimentos diretamente à pessoa envolvida. É aí que entra a assertividade.

Há muitos livros bons sobre assertividade no mercado. Veja na seção Recursos para a Recuperação minha sugestão de um livro que ensina a expressar sentimentos de maneira assertiva e compassiva.

6. RECONHECER, ENTENDER E VALORIZAR AS EMOÇÕES NOS RELACIONAMENTOS

As pessoas que cresceram emocionalmente negligenciadas tendem a manter falsas crenças sobre as emoções nos relacionamentos. Veja alguns bons exemplos:

1. Contar seus sentimentos ou problemas sobrecarrega os outros;

2. Revelar seus sentimentos ou problemas vai afastar os outros;

3. Se virem como você se sente, os outros usarão isso contra você;

4. Revelar seus sentimentos aos outros fará você parecer fraco;

5. Permitir que os outros vejam seus pontos fracos deixa você em desvantagem;

6. É melhor não brigar quando se quer um bom relacionamento;

7. Falar sobre os problemas não adianta. Só a ação resolve.

Felizmente, nenhuma dessas crenças é verdadeira. Na verdade, cada uma delas está absolutamente errada. (A única exceção é quando você revela seus sentimentos a outra pessoa emocionalmente negligenciada, que talvez não saiba como reagir.) É natural que quem cresce recebendo mensagens constantes, diretas ou indiretas, de que precisa guardar os sentimentos para si suponha que esses sentimentos são pesados e indesejáveis para os outros. Esta seção trata de como superar esses pressupostos. Se não conseguir soltar seus sentimentos, eles vão puxar você para trás em todas as áreas da vida, principalmente no relacionamento com os outros.

Em primeiro lugar, vamos falar sobre:

AMIZADES

Quando leu a história acima sobre a crítica do chefe e a noitada com Betsy, você achou difícil aceitar a premissa de que falar com Betsy seria algo positivo? Se realmente estivesse nessa situação, você guardaria o problema para si devido a alguma das sete crenças supracitadas (ou a alguma crença sua que não esteja na lista)? Se assim for, só há uma maneira de descobrir a verdade real, que é experimentar o que chamo de:

O experimento George Costanza

Na década de 1990, o seriado *Seinfeld* talvez fosse o mais popular da TV americana. Num episódio, o personagem George Costanza, supremo exemplo de perdedor, decidiu passar uma semana inteira fazendo o oposto do que faria naturalmente. Quando uma moça atraente lhe perguntou onde morava, em vez das meias-verdades costumeiras e do esforço complexo de insinuar que era bem-sucedido, ele disse: "Estou desempregado e moro com meus pais no Queens". Foi engraçado, é claro, mas também abriu todo um novo mundo para George. Ele teve muitos encontros e obteve vários outros ganhos positivos.

Para nossos propósitos, o Experimento George Costanza significa fazer o contrário do que você normalmente faria no quesito revelar seus sentimentos. Por exemplo, significaria contar a Betsy seu problema para ver se isso ajudaria a administrar seus sentimentos; ver se ela usa isso contra você; ver se ela foge; ver se ela fica tão sobrecarregada que a noitada é arruinada; ver se isso a leva a ver você como "fraco". Significa deixar os outros verem e ouvirem o que você está sentindo e observar se isso lhe traz ajuda ou prejuízo. Significa ter ousadia para resolver um problema com sua amiga, em vez de deixá-lo de lado, e ver se isso será destrutivo para a amizade.

Nada é sempre 100% infalível em todas as situações. É verdade que algumas amizades talvez não sobrevivam ao desafio de criar profundidade emocional, mas também é possível argumentar que talvez essas amizades não tivessem mesmo alta qualidade. Portanto, em termos gerais, se você mantiver o Experimento George Costanza, estou confiante de que verá seus relacionamentos ficarem cada vez mais fortes e profundos, que você se sentirá mais calmo e com os pés no chão e que os outros o verão como uma pessoa mais forte, e não mais fraca.

As pessoas emocionalmente negligenciadas tendem a ser boas ouvintes. Mas não são boas em falar, principalmente sobre si mesmas. Assim, se isolam de uma fonte importantíssima de sustento na vida. Afinal de contas, a conexão emocional é a matéria-prima da vida e a faz valer a pena. É o açúcar do lindo bolo. É o batimento do coração da humanidade.

Agora, falemos de:

CASAMENTO

No consultório, vi vários casais em que um dos dois exprime grave insatisfação com o relacionamento, mas não consegue explicar por quê. Pense em Trish e Tim, em Pais Concentrados em Perfeição/Realizações, do Capítulo 2. Trish disse: "Quando tento conversar, ele não deixa. Sei que está sofrendo e quero ajudar, mas não consigo". Muitas vezes, o cônjuge infeliz dirá: "Ele não é agressivo, não bebe, ganha bem. Mas não sou feliz com ele. Falta alguma coisa". Alguns são capazes de dizer que precisam de mais intimidade do que o cônjuge lhe dá. Mas, quando o cônjuge pergunta o que isso significa, em geral não têm resposta.

Na verdade, o que essas pessoas pedem é um sentimento de conexão emocional, o sentimento de que o cônjuge consegue lê-los e que conseguem ler o cônjuge, que o casal percebe naturalmente os sentimentos um do outro. Por ser a matéria-prima da vida, a conexão emocional é tanto a cola que mantém o relacionamento quanto o combustível que o faz andar. Um relacionamento em que não há brigas é um relacionamento que vai se apagar e morrer. Os casais com uma verdadeira conexão emocional revelam um ao outro quando ficam magoados ou com raiva e questionam as coisas quando necessário. A disposição de ser vulnerável mantém viva a paixão e previne as visitas ao consultório do terapeuta ou à vara de família.

Tudo o que você leu acima sobre a amizade também se aplica aos relacionamentos românticos, só que com maior intensidade. As amizades podem se manter apenas pelos interesses em comum, pelo menos por algum tempo. O relacionamento romântico não requer apenas conexão emocional; ele se baseia nela. Os sentimentos são o alicerce do romance, do amor e dos relacionamentos duradouros.

Aqui estão minhas sugestões para criar conexão emocional no casamento:

1. Pratique diariamente o exercício de identificar e dar nome;

2. Siga as etapas IAAA;

3. Treine com seu cônjuge o uso da assertividade com compaixão;

4. Faça perguntas! Faça perguntas ao seu cônjuge, escute as respostas e faça mais perguntas. Veja abaixo.

*Questionário horizontal e vertical**

Nem todas as perguntas são iguais. Algumas têm mais poder do que outras. As pessoas em sintonia emocional dão a impressão de que sabem fazer perguntas poderosas de modo natural. Sabem o que perguntar para chegar ao âmago da questão ou da pessoa. As pessoas emocionalmente negligenciadas, pelas razões que já mencionamos, em geral, não têm essa habilidade, a não ser que a cultivem por conta própria.

Um modo de chegar ao verdadeiro âmago de uma questão ou pessoa é treinar o questionário vertical e horizontal. As perguntas horizontais visam obter *informações*. As verticais visam à *compreensão*. Por exemplo, digamos que seu marido tenha voltado triste da visita à mãe idosa. Naturalmente, sua primeira pergunta seria "Como foi a visita?". A resposta: "Boa".

Nessa situação, exemplos de **Questionário Horizontal** seriam:

P: Como está sua mãe?

R: Está bem.

P: Ela saiu hoje?

R: Foi ao supermercado.

P: Ela gostou da sopa que mandei na semana passada?

R: Gostou.

P: Ela está com boa aparência?

R: Boa como sempre.

P: Ainda parece deprimida?

R: Ela sempre foi meio deprimida.

P: Você lhe falou do recital de dança de Suzy amanhã à noite?

R: Falei.

★ Sharon Jacques, PhD., Psychological Care Associates, Couples Training Seminar, 2002.

Observe que, nessa conversa, as perguntas horizontais resultaram em uma boa quantidade de informações desejadas. Você descobriu que sua sogra está bem, gostou da sopa, não está mais deprimida do que de costume e sabe do recital de dança da neta. O **Questionário Horizontal** é muito útil para obter informações e conversar. Estimo que constitua mais de 90% de toda a comunicação entre as pessoas.

Mas há algumas situações em que o **Questionário Horizontal** é insuficiente. Pode ser que você queira compreender em nível mais profundo uma pessoa ou sua experiência, ou mergulhar mais numa questão. No exemplo a seguir, vamos falar de novo sobre o marido que volta da visita à mãe. Mas, dessa vez, você procura resposta a uma questão mais complexa. Quer saber por que seu marido está triste e, para descobrir, precisará interrogá-lo verticalmente.

Aqui está um exemplo de uso do **Questionário Vertical** nessa situação.

P: Você parece triste. Estava tudo bem com sua mãe?

R: Pareço? Ah, ela está bem.

P: Ultimamente, você sempre volta meio mal quando a visita. O que está acontecendo?

R: (Pausa pensativa) Você acha? Não percebi.

P: Ela lhe disse alguma coisa que o aborreceu?

R: Não, acho que não.

P: O que você acha que o deixa triste sempre que a visita?

R: (Pausa pensativa outra vez) Não sei, talvez porque ela está muito idosa. Não sei quanto tempo mais ela ainda vai viver. Parece muito fraca. Fico preocupado com ela morando sozinha.

Resolvido. O **Questionário Vertical** ajudou seu marido a se ver através de seus olhos, pensar mais profundamente em si mesmo e em seus sentimentos, pôr esses sentimentos em palavras e revelá-los a você. Agora que seus sentimentos estão à mostra, você pode escutar e ajudá-lo a processá-los e *usá-los*. Talvez as emoções dele lhe digam que está na hora de tomar mais providências para cuidar da mãe. Talvez lhe digam que deveria começar a se preparar para perdê-la.

No verdadeiro **Questionário Vertical**, é importantíssimo dar ouvidos à resposta do outro. A pergunta seguinte deve ser voltada a levar a atenção dele para dentro e empurrá-lo cada vez mais fundo nas próprias emoções. Isso sempre deve ser feito com cuidado e compaixão. Se fizer tudo certo, você pode chegar ao âmago da questão e da pessoa.

As etapas que esbocei nesta seção talvez levem a pensar que reconhecer, entender e valorizar emoções nos relacionamentos seja fácil. Mas não é. É dificílimo, mesmo para as pessoas que não foram emocionalmente negligenciadas. Se você ou seu parceiro sofreram negligência emocional, será preciso se esforçar muito mais, e talvez o auxílio seja necessário em várias etapas. Veja na seção Recursos para a Recuperação minha recomendação de um livro excelente de Terrence Real que oferece aos casais compreensão e assistência para a conexão emocional.

Sei que, provavelmente, você não gosta de pedir ajuda. Mas espero que pense em permitir que um profissional o auxilie se enfrentar dificuldades ou ficar emperrado no processo de desenvolver essas habilidades, além das que citarei no Capítulo 7, "Autocuidado".

7

AUTOCUIDADO

Há quatro maneiras principais a que os emocionalmente negligenciados tendem a recorrer, com boas razões, quando se trata de cuidar de si mesmos e de suas necessidades. Os adultos que sofreram negligência emocional quando crianças geralmente não sabem quais são suas necessidades. Os próprios desejos, necessidades e sentimentos, além de irrelevantes, são invisíveis para os emocionalmente negligenciados. As quatro áreas principais de que falaremos aqui são:

Parte 1: Aprenda a se acolher
Parte 2: Melhore a autodisciplina
Parte 3: Console-se
Parte 4: Tenha compaixão por si

Essas quatro habilidades tendem a ser naturais em pessoas que receberam dos pais acolhimento e disciplina *suficientes* durante a infância. Se seus pais tiveram compaixão e empatia *suficientes* pelo que você sentia quando criança, quando adulto você também as terá por si mesmo. Se seus pais tiveram intimidade, carinho e aceitação *suficientes* no relacionamento com você quando criança, é bem provável que você tenha uma boa capacidade de relacionamento íntimo quando adulto.

Na pessoa que cresce emocionalmente negligenciada, essas habilidades que parecem naturais nos outros precisarão ser desenvolvidas na idade adulta. Desenvolver uma habilidade exige esforço. Exige tempo e esforço consciente. Neste capítulo, falaremos de quais são essas habilidades, o que significam e como cultivá-las em você. A princípio, cada habilidade vai parecer estranha e desajeitada quando você tentar. O segredo é persistir, seja como for. Essa é uma das poucas vezes que lhe direi para ignorar seus sentimentos! Todo desenvolvimento de habilidades exige persistência, e juro para você que a persistência dará frutos.

Enquanto lê sobre as habilidades neste capítulo, você verá que criei uma planilha especial de acompanhamento, a **Planilha de Mudança**, para todas, exceto uma. Ao trabalhar com essas habilidades e usar as Planilhas de Mudança, lembre-se de que tentar trabalhar com todas ao mesmo tempo talvez seja demais. Recomendo que você domine uma habilidade de cada vez e, de preferência, na ordem que as apresento aqui. No máximo, experimente duas ao mesmo tempo. Não comece outra enquanto não dominar a anterior. E, se achar que alguma não se aplica a você, fique à vontade para pulá-la e seguir para a próxima que parecer adequada. Vá com calma, porque é melhor dedicar todo o seu esforço a uma só habilidade do que tentar muitas coisas ao mesmo tempo e se sobrecarregar.

Todas as habilidades de que falaremos neste capítulo são difíceis de dominar. Muitíssima gente passa anos de vida tentando obter controle delas. É importante se dar bastante tempo, entendimento e *carinho* ao usar as **Planilhas de Mudança**. Orgulhe-se de suas realizações. Quando sair dos trilhos, não se zangue; é só voltar.

O mais provável é que você precise de ajuda ao passar por este capítulo usando as **Planilhas de Mudança**. Em todo o processo, use meu site www.drjonicewebb.com sempre que necessário para ter apoio, dicas e assistência contínua [em inglês].

PARTE 1 DO AUTOCUIDADO: APRENDA A SE ACOLHER

Talvez você se pergunte o que isso significa exatamente. A palavra "acolhimento" pode ter vários significados. Aqui, falo de autoacolhimento no sentido de tomar as providências necessárias para se ajudar a ter uma vida saudável e agradável. Ser saudável e apreciar a vida possibilita que você cause impacto positivo nas pessoas próximas. Sua saúde e sua felicidade terão um efeito cascata que passará para seu cônjuge, seus filhos e amigos e continuará a se espalhar. Como pessoa emocionalmente negligenciada, talvez você já seja um excelente cuidador *dos outros*. Está na hora de começar a prestar atenção às suas necessidades e cuidar *de si mesmo*. Aqui estão quatro etapas para aprender a se acolher:

Etapa A: Colocar-se em primeiro lugar

Etapa B: Comer

Etapa C: Exercitar-se

Etapa D: Repousar e relaxar

ETAPA A DO AUTOACOLHIMENTO: COLOCAR-SE EM PRIMEIRO LUGAR

Comece colocando-se em primeiro lugar. O quê? Ouvi você dizer que é egoísmo? Não, não é! Quando você é forte e saudável, fica livre para se dedicar aos outros de forma mais rica e profunda. Gosto de pensar assim: nos anúncios de segurança em voo a que raramente damos ouvidos, a aeromoça avisa que, quando a máscara de oxigênio cair diante de cada assento, os adultos devem colocar a própria máscara antes de ajudar os outros. Essa recomendação faz todo o sentido. Você não conseguirá pôr a máscara em seu filho se estiver com dificuldade para respirar. Essa regra se aplica à vida em geral. Quando está firme e seguro, você pode ajudar os outros com muito mais eficácia.

Quando começar a se colocar em primeiro lugar, é possível que você enfrente resistência. A surpresa é que ela virá primariamente das pessoas mais próximas. Pense assim: todas as pessoas que conhecem você esperam que se comporte de determinada maneira. Por exemplo: elas sabem que você concordará quando lhe pedirem um favor. A primeira vez que disser "não", elas vão se surpreender. Podem se irritar e transmitir isso a você de alguma forma. Não se esqueça de que esse é o processo normal de mudar. A mudança não é fácil, nem para quem muda, nem para os entes queridos, mesmo quando é saudável e positiva. Às vezes, é bom explicar a essas pessoas mais próximas que você está querendo melhorar seu autocuidado e que algumas coisas serão feitas de forma diferente dali em diante. Haverá um ajuste, mas quem realmente se preocupa com você acabará se acostumando e, provavelmente, passará até a respeitar você por isso.

Para aprender melhor a se colocar em primeiro lugar, é bom ter algumas diretrizes, como as que listo a seguir. Ao trabalhar na criação dessa habilidade, você achará algumas diretrizes mais fáceis de seguir do que outras. Enquanto lê, pense em quais lhe exigirão mais ajuda. Incluí uma **Planilha de Mudança** para auxiliar você a trabalhar separadamente em cada uma.

<u>Aprenda a dizer "não"</u>. Sem dúvida, as pessoas de sua vida conhecem você muito bem. Sabem que sempre se dispõe a ajudá-las, porque é isso que as pessoas emocionalmente negligenciadas fazem. Sua quantidade copiosa de compaixão *pelos outros* faz você se sentir obrigado a dizer "sim" a solicitações de amigos, familiares, filhos, chefes. É claro que não há nada errado em dizer "sim". Isso é essencial para os relacionamentos positivos e o progresso na vida. O problema surge quando você sente que, sem uma desculpa muito boa para negar uma solicitação, tem de dizer "sim". Em consequência, acaba se sacrificando demais, porque diz "sim" a coisas para as quais, na verdade, não tem tempo nem energia. É importantíssimo se livrar desse dilema para tomar decisões melhores para você e, ao mesmo tempo, levar em consideração as necessidades dos outros.

Uma regra primária da assertividade é que qualquer um tem o direito de lhe pedir qualquer coisa e você tem o mesmo direito de negar sem explicações. Se todos funcionassem assim e se sentissem livres para pedir ajuda quando necessário e dizer "não" quando desejado, o mundo seria um lugar melhor. As fronteiras seriam mais claras, e haveria muito menos culpa inútil e desnecessária por aí. Caso se sinta culpado ao dizer "não" ou diga "sim" porque se sente pouco à vontade em dizer "não", procure um bom livro sobre assertividade (há muitos; veja minha recomendação na seção Recursos para a Recuperação, no fim do livro) e tente superar. Dizer "não" quando é preciso, sem culpa nem desconforto, é parte fundamental do autocuidado.

Ler um livro sobre assertividade ajudará você a entender e adotar o conceito para, esperamos, mudar essa filosofia. Mas, depois de mudar a filosofia, é preciso avançar e mudar o comportamento. Use a **Planilha de Mudança "Dizer não"** da próxima página para acompanhar diariamente o número de vezes em que diz "não" às solicitações que exigem demais de você.

PLANILHA DE MUDANÇA "DIZER NÃO"

*Registre quantas vezes por dia você diz "não"

	Jan.	Fev.	Mar.	Abr.	Maio	Jun.	Jul.	Ago.	Set.	Out.	Nov.	Dez.
1												
2												
3												
4												
5												
6												
7												
8												
9												
10												
11												
12												
13												
14												
15												
16												
17												
18												
19												
20												
21												
22												
23												
24												
25												
26												
27												
28												
29												
30												
31												

Como eu já disse neste livro, quanto mais você faz uma coisa desconhecida, menos desconhecida ela fica. Aos poucos, com o tempo, ela se tornará um processo normal que parece acontecer por conta própria, com pouco esforço. A questão dessa **Planilha de Mudança** não é necessariamente aumentar a quantidade, pois cada dia trará um número diferente de situações em que realmente é adequado dizer "não". É mais uma ajuda para você acompanhar, de forma geral, a mudança de comportamento. Também ajuda a lembrar de se esforçar nisso todo dia. É mais difícil esquecer que está tentando dizer "não" quando sabe que será preciso registrar o resultado no fim do dia.

Peça ajuda. Pedir ajuda aborda a contradependência que pode estar muito entranhada na pessoa emocionalmente negligenciada. Lembra-se de David, nosso exemplo de contradependência do Capítulo 3? David internalizou a mensagem dos pais — "Não tenha sentimentos, não mostre sentimentos, nunca precise de nada de ninguém" — e levava assim a vida adulta. Quando se passa a vida inteira sem perceber que recorrer aos outros, além de opção, é uma necessidade, é dificílimo enxergar isso de outra forma.

Há outro aspecto de pedir ajuda que é difícil para quem sofreu negligência emocional. Se para você é difícil dizer "não", é bem provável que também seja difícil pedir ajuda. A assertividade funciona nos dois casos. As pessoas emocionalmente negligenciadas costumam levar a vida presas nesse dilema insolúvel. Como acha que tem de dizer "sim" quando alguém lhe pede um favor, ajuda ou mesmo quando lhe fazem um convite social, você naturalmente supõe que os outros também se sentem assim. Como não quer deixar ninguém nessa situação, você não se sente à vontade de pedir ajuda ou favores. Num mundo em que, em sua cabeça, ninguém consegue dizer "não" a ninguém, você vai perder. Esse modo de pensar o deixa disponível para ajudar, mas incapaz de pedir ajuda quando precisa. Consegue ver que, para você, é impossível ganhar nesse sistema?

Para se libertar dessa situação difícil, basta aceitar que os outros não se sentem culpados nem constrangidos ao dizer "não". Eles têm uma compreensão intrínseca dessa regra da assertividade. A imensa maioria das pessoas sente pouca angústia ao pedir ajuda e dizer "não". Assim que se unir a elas, um novo mundo se abrirá para você.

Use a **Planilha de Mudança "Pedir ajuda"** a seguir para acompanhar e tomar consciência de sua tentativa de pedir ajuda com maior frequência.

PLANILHA DE MUDANÇA "PEDIR AJUDA"

*Registre quantas vezes por dia você pede ajuda

	Jan.	Fev.	Mar.	Abr.	Maio	Jun.	Jul.	Ago.	Set.	Out.	Nov.	Dez.
1												
2												
3												
4												
5												
6												
7												
8												
9												
10												
11												
12												
13												
14												
15												
16												
17												
18												
19												
20												
21												
22												
23												
24												
25												
26												
27												
28												
29												
30												
31												

Descubra do que você gosta ou não. Quando era criança, talvez suas preferências não fossem levadas em conta com frequência. Talvez não ouvisse perguntas como "O que você quer fazer hoje?", "Prefere uma pizza ou um hambúrguer?", "Quer a camisa verde ou a rosa?", "Como se sente com isso?". Os adultos emocionalmente negligenciados podem ter muita dificuldade em se conhecer. Você se lembra do Josh, do Capítulo 3, com a autoavaliação nada realista? Ele recebeu tão poucas perguntas como essas na infância que, na universidade, não sabia do que gostava, pelo que se interessava, nem que curso seria adequado. Dependendo da quantidade e do tipo de interesse que seus pais demonstraram enquanto crescia, você pode se conhecer melhor em algumas áreas e em outras, ficar confuso. Aqui estão algumas perguntas que ajudam a descobrir onde falta conhecimento do que você gosta ou não:

- Qual é seu prato favorito?
- Que esporte você mais gosta de praticar?
- A que esporte você mais gosta de assistir?
- Você ao menos gosta de esporte?
- Tem noção de moda? Se tiver, qual é seu estilo?
- De que maneira você prefere passar o sábado?
- Você está no emprego/carreira certos?
- De que gênero de filme você mais gosta?
- Que tipo de livro prefere ler?
- Consegue citar um talento que acha que tem e gostaria de cultivar?
- Se pudesse viajar para qualquer lugar do mundo, aonde iria?
- Tem amigos suficientes?
- Gosta dos amigos que tem?

- De que amigos você mais gosta?
- Para quais coisas você tem facilidade?
- De que tarefa doméstica você menos gosta?
- Qual é a atividade de que você menos gosta?
- Que coisas lhe exigem mais tempo para fazer?

Eu poderia continuar com essas perguntas, mas vamos parar por aqui. Se você consegue responder com facilidade à maioria delas, que bom. A dificuldade é uma indicação clara de que você se concentrou no exterior durante a maior parte da vida (como foi treinado para fazer na infância) e não se sintonizou com você mesmo. Uma parte importante de cuidar de si é saber do que gosta. Isso ajuda a definir o que você quer. Então, quando seu cônjuge ou amigo lhe perguntar "Onde vamos jantar? Comida italiana ou grega?", você terá uma resposta a lhe dar. Com sua resposta, sem importar se o outro concorda ou não, você dá um passo importante para cuidar de si mesmo.

Use a **Planilha de Mudança "Gostar ou não"**, que apresento a seguir, para escrever tudo o que conseguir classificar como "gosto" ou "não gosto". Podem ser lugares, cores, alimentos, atividades, estilos de mobília, pessoas, ações dos outros ou seu próprio estado de espírito, por exemplo. Tudo o que conseguir classificar, escreva na planilha. Então, ao avançar a cada dia, escreva o que for se dando conta. Acompanhar e escrever o que você gosta ou não, conforme vai descobrindo, ajuda a tomar consciência do que você sente sobre as coisas e a assumir esses sentimentos. Não há certo nem errado nas coisas que você gosta ou não. Elas simplesmente são o que são, todas válidas e importantes.

PLANILHA DE MUDANÇA "GOSTAR OU NÃO"

Gosto	Não gosto

Dê maior prioridade a seu próprio prazer. É provável que quem cresceu emocionalmente negligenciado não tivesse muita liberdade para escolher o que lhe dá prazer. É bem possível que o desejo dos outros viesse antes do seu. Ou, se sua família não tinha muitos recursos, que não restasse muito dinheiro para diversão. Se tiver sido criado por pais emocionalmente negligentes de qualquer tipo, talvez você dê pouquíssimo valor à própria experiência de prazer e diversão quando adulto. Para mudar isso, só há uma opção: colocar-se em primeiro lugar.

Em alguns aspectos, essa última diretriz engloba as três primeiras. Para dar maior prioridade a *seu próprio* prazer, é preciso dizer "não" às solicitações que afastam você dele. Algumas vezes será preciso pedir ajuda, para você sentir apoio e conexão suficientes com os outros a fim de estar disponível para as oportunidades existentes. E é preciso saber do que você gosta para correr atrás.

Mais uma vez, talvez se pergunte: "Se eu me puser em primeiro lugar para buscar o prazer, isso não me tornará egoísta?". Tenha em mente que todos precisam de prazer e o merecem. E você merece tanto quanto os outros. Às vezes, terá de dizer "não" a alguém para se libertar e se divertir com outra pessoa. Isso não é egoísmo, é equilíbrio, equilíbrio entre dar e receber; equilíbrio entre você e os outros. Não tenha medo de tomar decisões que deem prioridade à sua diversão. Os emocionalmente negligenciados correm risco muito menor do que a maioria de se tornarem egoístas. Como foi treinado para deixar de lado suas necessidades, vontades e seus desejos, você tem uma distância muitíssimo maior a percorrer antes de se tornar egoísta.

Quando deixar seu prazer em último lugar fica tão profundamente entranhado, não basta tomar a decisão de mudar. A decisão é um primeiro passo importante, mas precisa ser seguida pela ação. Dá para ver aonde isso vai chegar? A outra **Planilha de Mudança, "Priorizar o prazer"**. Você a encontrará na próxima página para tomar consciência e acompanhar a necessidade de se esforçar para fazer escolhas diferentes. Se trabalhar nisso, com o tempo tudo começará a parecer menos estranho. Seu cérebro passará a escolher por conta própria, e isso se tornará uma segunda natureza para você. Em algum ponto do caminho, a surpresa é que verá que a vida vai ficar menos mundana e tediosa.

PLANILHA DE MUDANÇA "PRIORIZAR O PRAZER"

*Registre quantas vezes por dia você prioriza seu próprio prazer

	Jan.	Fev.	Mar.	Abr.	Maio	Jun.	Jul.	Ago.	Set.	Out.	Nov.	Dez.
1												
2												
3												
4												
5												
6												
7												
8												
9												
10												
11												
12												
13												
14												
15												
16												
17												
18												
19												
20												
21												
22												
23												
24												
25												
26												
27												
28												
29												
30												
31												

É bom que você se esforce para se colocar em primeiro lugar! Você precisará disso para fazer progresso no que diz respeito a alimentação, exercícios físicos e repouso/relaxamento. Tudo isso aborda a parte física de se acolher. A questão é o que você coloca dentro do corpo e como gasta sua energia.

ETAPA B DO AUTOACOLHIMENTO: COMER

Nem todos os pais emocionalmente negligentes descuidam dos filhos nessa área. Mas, como já falamos, é possível que ofereçam bastante comida aos filhos e ainda os negligenciem emocionalmente nesse quesito. É responsabilidade dos pais ajudar os filhos a desenvolver uma relação saudável com a comida. Muitos pais que não são emocionalmente negligentes deixarão de fazer isso com os filhos pela simples razão de eles próprios não terem uma relação saudável com a comida. Não podem ensinar o que não sabem. Mas os pais emocionalmente negligentes falham com os filhos na área alimentar pelas mesmas razões que falham em outras áreas.

Antes de falarmos mais sobre comer, responda às perguntas, abaixo, sobre seus hábitos alimentares como **adulto**.

1. Se hoje você tem cônjuge ou filhos, é costume vocês se sentarem para fazer as refeições juntos?

2. Você presta atenção à nutrição e tenta garantir uma alimentação equilibrada?

3. Você tem muita *junk food* em casa?

4. Você come mais *junk food* do que deveria?

5. Você ainda prefere "comida de criança", como cachorro-quente, *nuggets* de frango ou pizza?

6. Você se certifica de comer pelo menos algumas frutas ou vegetais em todas as refeições?

7. Você cozinha bem?

8. Há momentos em que literalmente não há nada na sua casa para preparar uma refeição?

9. Você come muitos pratos pré-embalados ou congelados?

10. Às vezes você se esquece de comer?

11. Você tende a comer demais?

Não continue lendo antes de responder "sim" ou "não" para cada uma das perguntas acima. Quando terminar, passe a responder às perguntas, abaixo, sobre suas experiências alimentares na **infância**.

1. Quando criança, sua família fazia as refeições em conjunto com frequência?

2. Quando criança, seus pais tinham o cuidado de lhe oferecer uma alimentação equilibrada?

3. Quando criança, havia muita *junk food*, como chips de batata, biscoitos, sorvete, balas e doces, em casa?

4. Se havia, seus pais supervisionavam de perto quanta *junk food* você comia e quando comia?

5. Você foi criado com cachorro-quente, *nuggets* de frango e pizza?

6. Em geral, você comia legumes ou frutas em todas as refeições?

7. Pelo menos um de seus pais cozinhava bem?

8. Havia momentos em que literalmente não tinha nada em sua casa para preparar uma refeição?

9. Sua família comia muitos pratos congelados ou pré-embalados?

10. Você pulava refeições quando criança?

11. Você tendia a comer demais quando criança?

Provavelmente, você notou que algumas perguntas da seção adulta são exatamente iguais às da seção infantil. Volte e confira suas respostas. Aqui, estamos procurando até que ponto seus hábitos alimentares como adulto correspondem às experiências alimentares da infância. Pense na infância como a fase de programação da vida. Na idade adulta, em geral, tendemos a seguir os programas que estabelecemos quando crianças. Veja um exemplo disso em Zeke, do terceiro ano, cuja mãe permissiva lhe jogou uma bola de futebol e lhe ofereceu sorvete para que ele se sentisse melhor depois do bilhete da professora. Todo pai ou mãe usa comida para ajudar o filho a se sentir melhor em um momento ou outro. Mas, se usar isso com frequência, ou mesmo na hora errada, sem querer, a mãe de Zeke ensinará o filho a usar comida para controlar as emoções. Na idade adulta, ele pode tender a continuar assim. Isso pode levá-lo a comer coisas erradas pelas razões erradas, e nada disso é saudável.

Quando adultas, a maioria das pessoas subestima a influência da programação que recebeu dos pais na infância. Nós nos sentimos como se escolhêssemos livremente e tomássemos nossas próprias decisões. A realidade é que a programação que recebemos dos pais na infância é poderosíssima. Embora não seja fácil, é claro que podemos superá-la. Provavelmente, você descobriu que algumas respostas às perguntas sobre alimentação na infância não são iguais às da idade adulta. Essa é a programação da infância que você superou por conta própria ou que foi alterada por outras experiências de vida.

Como pessoa emocionalmente negligenciada, pode haver aspectos da alimentação que seus pais não lhe ensinaram. Nessas áreas, sua única opção é fazer o papel dos pais e se programar. Para ilustrar, voltemos a Noelle da seção "Sem compaixão por si, muita pelos outros" do Capítulo 3. Toda manhã, antes de ir à escola, Noelle punha no micro-ondas um sanduíche de frango congelado para o café da manhã. Como nenhum dos pais satisfazia sua necessidade de alimentos frescos e saudáveis, Noelle foi forçada a criar algo para si mesma. A solução infantil se tornou sua programação. Essa programação se mantinha quando conheci Noelle; ela, o marido e o filho viviam praticamente de uma combinação de pratos congelados e comida para viagem. Isso ilustra como a autoprogramação da criança emocionalmente negligenciada é tão persistente e poderosa quanto a que vem dos pais.

Quando respondeu às perguntas alimentares da infância e da idade adulta, você identificou algumas áreas pouco saudáveis em sua relação com a comida? Já teve dificuldade para mudar esses hábitos? Se teve, é compreensível. Não é fácil mudar a programação da infância. Quando chegamos à idade adulta, ela se torna mais do que um mero hábito e vira um modo de vida. Mudar o modo de vida é difícil, mas não há dúvida de que é possível. Só exige trabalho. Espero que a percepção de que seus problemas alimentares estão enraizados na negligência emocional reduza sua frustração e impeça que você se culpe. É importante não desperdiçar energia com isso e, ao contrário, investi-la em ter compaixão por si mesmo e mudar.

Para superar a programação pouco saudável, você precisará das habilidades emocionais que aprendeu no Capítulo 6 e das habilidades de autocuidado que já viu neste capítulo. Tenha consciência de seus sentimentos, aceite-os e revele-os aos outros. Isso ajudará a não comer por razões emocionais. Diga "não" quando for preciso. Peça auxílio e use a ajuda que receber. Priorize seu prazer, para não recorrer excessivamente à comida para obter alegria e recompensa. E use a **Planilha de Mudança "Comer"** para mudar os aspectos alimentares que você identificou como problemas nesta seção. Mais uma vez, um lembrete: seja cuidadoso e não mude hábitos demais ao mesmo tempo.

PLANILHA DE MUDANÇA "COMER"

*Registre quantas vezes por dia você superou um hábito pouco saudável

	Jan.	Fev.	Mar.	Abr.	Maio	Jun.	Jul.	Ago.	Set.	Out.	Nov.	Dez.
1												
2												
3												
4												
5												
6												
7												
8												
9												
10												
11												
12												
13												
14												
15												
16												
17												
18												
19												
20												
21												
22												
23												
24												
25												
26												
27												
28												
29												
30												
31												

ETAPA C DO AUTOACOLHIMENTO: EXERCITAR-SE

Apesar dos achados claros e constantes das pesquisas de que o exercício físico é um aspecto primário para melhorar a saúde, a maioria dos americanos não o pratica. De acordo com os Centers for Disease Control and Prevention de Atlanta, só 35% dos adultos se dedicam à atividade física regular nas horas de lazer (2009). Há várias razões para as pessoas não agirem com base nos melhores conselhos de médicos e pesquisadores da área da saúde. Para ter hábitos saudáveis no que diz respeito a exercícios físicos, estes três pilares básicos ajudam muito: perceber e entender seu valor e sua importância; encontrar um exercício que seja agradável para você; ter autodisciplina.

Agora que entende melhor a negligência emocional e a programação que ocorre na infância, você pode ver que os emocionalmente negligenciados enfrentam maior dificuldade em algumas ou todas essas três áreas.

Dependendo da sua idade, pode ser que não tenha aprendido o *valor* da atividade física. É bem possível que seus pais não soubessem disso, porque boa parte da pesquisa foi realizada nos últimos vinte anos, mais ou menos. Em geral, quem tem mais de 30 anos aprendeu sozinho, não com os pais, os benefícios do exercício para a saúde. Seus pais não terem ensinado a você a importância do exercício não é sinal de negligência emocional em si. Mas, se você não percebe essa importância, é improvável que o pratique.

Se não foi emocionalmente negligenciado nessa área, você tem uma probabilidade muito maior de ter praticado esportes ou atividades físicas na infância que poderá levar para a idade adulta. Por exemplo, se sua família viajava no fim de semana para esquiar ou caminhar ou se lhe dava apoio para praticar *e gostar* de esportes como

AUTOCUIDADO • 203

futebol, basquete ou tênis, é mais provável que você tenha crescido com o prazer que vem do exercício físico. Quando achamos os exercícios agradáveis, é muito mais fácil priorizá-los quando adultos.

Provavelmente, a *falta de autodisciplina* é um dos maiores empecilhos para as pessoas emocionalmente negligenciadas criarem hábitos relacionados ao exercício. No Capítulo 3, falamos de William, cuja mãe solo lhe deu uma infância desestruturada em que não o obrigou a fazer o que ele não queria. Quem cresce com disciplina rígida ou frouxa demais não tem a oportunidade de internalizar a capacidade de se disciplinar de maneira saudável. Não aprende a se obrigar a fazer as coisas que não quer — nesse caso, exercício. Na próxima seção deste capítulo, você aprenderá muito sobre autodisciplina.

Para avaliar sua posição nessas três áreas que envolvem o exercício físico, comecemos respondendo a algumas perguntas sobre sua vida **adulta**:

1. Você acredita que o exercício é importante?
2. Você se descreveria como uma pessoa ativa?
3. Gosta de praticar um ou mais esportes?
4. Consegue se forçar a se exercitar quando não está com vontade?
5. Já descobriu um ou mais tipos de atividade física que ache agradáveis, como aeróbica, caminhada, corrida, natação, musculação, ciclismo?
6. Você deveria se exercitar mais do que se exercita?
7. Tem dificuldade com autodisciplina em geral?

Não avance antes de responder "sim" ou "não" para cada uma das sete perguntas anteriores. Quando terminar, passe a responder às perguntas a seguir sobre suas experiências na **infância**.

1. Quando era criança, você acha que seus pais acreditavam que o exercício é importante?

2. Você se descreveria como uma criança ativa?

3. Quando criança, você gostava de praticar um ou mais esportes?

4. Quando criança, seus pais mandavam você brincar lá fora ou fazer algo ativo mesmo que não quisesse?

5. Quando criança, você gostava de brincadeiras ativas?

6. Você acha que deveria ter praticado mais exercícios quando criança?

7. Seus pais eram demasiado frouxos (permissivos) ou estritos (autoritários, por exemplo) com a disciplina em geral quando você era pequeno?

Como você já passou por isso na seção sobre Comer, será mais fácil ver o significado da correspondência entre as respostas nas seções da infância e da idade adulta. Se vir pelas respostas que é suficientemente ativo e não tem problemas nessa área, parabéns, você está nos 35%. Talvez seja um dos modos em que seus pais cuidaram de você ou, quem sabe, você mesmo criou seus hábitos saudáveis. Seja como for, você está em boa forma.

Se você identificou alguns aspectos específicos do exercício que precisa melhorar, não deixe de ler Parte 2 do Autocuidado: Melhorar a Autodisciplina. Use a **Planilha de Mudança "Exercitar-se"** para trabalhar com a mudança do comportamento e se acolher dessa maneira também.

PLANILHA DE MUDANÇA "EXERCITAR-SE"

*Marque os dias em que você se exercitou

	Jan.	Fev.	Mar.	Abr.	Maio	Jun.	Jul.	Ago.	Set.	Out.	Nov.	Dez.
1												
2												
3												
4												
5												
6												
7												
8												
9												
10												
11												
12												
13												
14												
15												
16												
17												
18												
19												
20												
21												
22												
23												
24												
25												
26												
27												
28												
29												
30												
31												

ETAPA D DO AUTOACOLHIMENTO: REPOUSAR E RELAXAR

Agora que já falamos de se colocar em primeiro lugar, comer e exercitar-se, é importantíssimo prestar atenção à sua capacidade de relaxar. Constatei que a maioria das pessoas emocionalmente negligenciadas fica em uma destas categorias: ou repousam e relaxam de menos, ou repousam e relaxam demais. Alguns vão de um a outro, com pouco equilíbrio. Vamos dar uma olhada no modo como a negligência emocional cria esse tipo de desequilíbrio.

Os pais sintonizados com os filhos sabem quando a criança está com fome e garantem, da melhor maneira possível, que ela coma. Esses pais também veem quando os filhos estão cansados e garantem, da melhor maneira possível, que a criança repouse, *quer a criança queira, quer não*. Além disso, pais atentos e observadores não obrigam a criança a repousar quando é conveniente para eles: a criança repousa em horários regulares, o que a ensina a cuidar de si de forma rotineira e constante; ou fazem a criança repousar quando é visível que ela precisa. Isso ensina a criança a ler seus próprios sinais de cansaço e a repousar quando necessário. Com esse processo de observação parental e sintonia emocional seguido pela ação, a criança tem a oportunidade de internalizar todas essas habilidades. Quando adulta, estará sintonizada com o próprio corpo. Conhecerá seus sinais de cansaço, sejam eles irritabilidade, silêncio, dispersão, certa confusão mental ou outra coisa, e, ao observá-los em si mesma, algo se ligará em sua cabeça e ela dirá: "Tudo bem, você precisa relaxar e repousar um pouco". Então ela fará o possível para descansar, *quer queira, quer não*, assim como os pais faziam com ela quando pequena. Observe que uma parte dessa situação é que talvez a pessoa tenha de se forçar a fazer alguma coisa que não quer, que é uma habilidade separada, mas relacionada.

Todas as crianças são preguiçosas às vezes. Cabe aos pais sintonizados perceber quando o filho está exagerando com isso e empurrá-la para praticar uma atividade, *quer queira, quer não*. Uma criança de 6 anos não deveria ter permissão de passar horas assistindo à TV, e um adolescente não deveria ter permissão de passar o dia todo na cama ouvindo música. Nada disso é bom para a criança. Os pais que exageram ao permitir isso provavelmente agem em benefício próprio. Longe dos olhos, longe do coração. Se a criança não estiver importunando nem criando problemas, os pais ficam livres. É claro que nenhum pai ou mãe é perfeito nessa função; tudo se resume a cumpri-la *suficientemente bem*. Se os pais não forem *suficientemente bons*, os filhos, quando adultos, podem ter dificuldade em se forçar a sair da cama, *quer queiram, quer não*.

Vejamos, por exemplo, os tipos de pais narcisistas e sociopatas. Esses pais, como dito no Capítulo 2, tendem a pôr as próprias necessidades acima das da criança. Nessa situação, fazem os filhos repousarem em momentos específicos porque eles, pais, estão cansados e precisam de um descanso. Ou o contrário: os pais não dão à criança tempo para repousar quando precisa porque não é conveniente para eles. Os pais autoritários podem interpretar erroneamente o cansaço da criança como desrespeito, ou seja, falta de amor, e se ofenderem ou se magoarem; os divorciados/viúvos, viciados, deprimidos, *workaholic*, cuidadores de familiares doentes e bem-intencionados podem permitir que a criança definhe ou se esgote por pura desatenção; os permissivos simplesmente evitam conflitos e não se envolvem nesse nível com as necessidades da criança. Os pais preocupados com realizações podem pôr a necessidade de que a criança estude o violino ou as matérias da escola acima de qualquer necessidade física sincera que a criança demonstre.

Em todos esses casos, a criança não receberá o que precisa. Ela não aprende suas próprias dicas físicas; não recebe a mensagem de que o descanso é importante quando está cansada, nem que repouso em excesso lhe faz mal. E não aprende a controlar os próprios impulsos, parte vital da autodisciplina.

Como pessoa emocionalmente negligenciada, é importante que determine se os pais falharam nisso com você, com ou sem boas intenções, e se corrija por conta própria. Você é do tipo que exagera no repouso? Não descansa o suficiente? Vai de um extremo a outro? Se sim, use a **Planilha de Mudança "Repousar e relaxar"** para aprender a ficar atento e a regular sua necessidade de repouso. Continue lendo a próxima seção sobre Autodisciplina, que é uma parte importante para se autorregular.

PLANILHA DE MUDANÇA "REPOUSAR E RELAXAR"

*Marque os dias em que você repousou e relaxou

	Jan.	Fev.	Mar.	Abr.	Maio	Jun.	Jul.	Ago.	Set.	Out.	Nov.	Dez.
1												
2												
3												
4												
5												
6												
7												
8												
9												
10												
11												
12												
13												
14												
15												
16												
17												
18												
19												
20												
21												
22												
23												
24												
25												
26												
27												
28												
29												
30												
31												

PARTE 2 DO AUTOCUIDADO:
MELHORE A AUTODISCIPLINA

Sem dúvida, você já notou a palavra "autodisciplina" espalhada pelo livro. Esse é um problema muito comum em pessoas emocionalmente negligenciadas. Embora haja algumas causas subjacentes possíveis da dificuldade de exercer a autodisciplina, como a depressão e o transtorno do déficit de atenção (TDA), em geral constatei que era negligência emocional. Muita gente emocionalmente negligenciada se descreve abertamente como procrastinadora. Alguns se dizem preguiçosos. São comuns as batalhas com comer a mais ou a menos, com gastos excessivos e com beber demais. Como já mencionado, muita gente emocionalmente negligenciada também tem dificuldade de se forçar a praticar exercícios, fazer trabalhos braçais ou qualquer coisa que não seja imediatamente divertida ou compensadora.

Essa parece uma grande lista de coisas sem relação entre si. Na verdade, todas se reduzem a uma só: *forçar-se a fazer coisas que não quer e parar de fazer o que não deveria estar fazendo.* Esse é um dos dilemas clássicos das pessoas emocionalmente negligenciadas.

Depois de ler sobre a dificuldade de William com a autodisciplina no Capítulo 3 e as seções sobre comer, exercitar-se e repousar e relaxar deste capítulo, provavelmente você já tem uma noção geral do porquê. Os seres humanos não nasceram com capacidade inata de se regular e controlar. Essas são habilidades vitais que as pessoas de sorte aprendem na infância. Veja como:

Quando sua mãe manda você parar de brincar com os amigos na rua e entrar porque está na hora de jantar ou de dormir, ela lhe ensina essa habilidade importante. Ela lhe ensina que algumas coisas têm de ser feitas, mesmo que você não esteja com vontade. Quando seu pai lhe atribui a tarefa semanal de aparar a grama e depois encontra uma maneira amorosa, mas firme, de garantir que você a cumpra, ele o ensina a se forçar a fazer o que não quer e também que há uma recompensa. Quando os pais mandam você escovar os dentes duas vezes por dia; quando dizem "não" aos doces; quando marcam e impõem a "hora do dever de casa", todos os dias depois da escola, porque você não está cumprindo as tarefas escolares; quando continuam a amar você, mas exigem que volte para casa mais cedo porque tem chegado tarde todo dia, todas essas ações e reações dos pais são internalizadas por você. Além de internalizar a capacidade de se obrigar ou se impedir de fazer coisas, você internaliza a voz parental que, mais tarde, se torna sua.

A voz parental internalizada é importantíssima e, com frequência, pode ir por água abaixo na negligência emocional. Vejamos o exemplo de William, da seção de Pouca Autodisciplina do Capítulo 3. A mãe solo muito ocupada de William o amava muito. Ela o deixou relativamente livre durante a infância, com pouca responsabilidade em casa e na escola. William era um menino inteligente, agradável e até encantador, e todos queriam o melhor para ele. Os professores pegavam leve com ele porque viam que era capaz e inteligente. Mais tarde, William falaria da infância livre e divertida e ficaria perplexo com a dificuldade que tinha em ser confiante e produtivo. A esposa ficava confusa com a dificuldade dele de regular a hora de comer, dormir e trabalhar. Não entendia as tendências aleatórias do marido, como trabalhar até a madrugada, dormir pouco, pular refeições e, no dia seguinte, se deitar às 19 horas. Mas a produtividade de William não sofria apenas com os horários aleatórios. Também era prejudicada pela voz severa em sua cabeça, quando estava trabalhando, que lhe dizia frequentemente que o que ele produzia não era bom o bastante, não rápido o suficiente ou seria uma decepção para o chefe. William gastava tanto tempo e energia combatendo essa voz dura e crítica na cabeça que pouco lhe restava para produzir qualquer coisa.

Talvez você se pergunte onde William obteve essa dura voz interna. Afinal de contas, a mãe não era dura com ele. Não o julgava, não lhe dava feedback negativo e tampouco esperava muito dele. O problema foi que, na *ausência* de uma voz parental, William teve de criar a sua. Além de escassez de habilidades para se estruturar de modo a ser produtivo, ele não fazia ideia do que esperar de si mesmo, nem de como julgar a qualidade de sua produção. A voz que inventou para si não era uma adulta equilibrada, moderada e amorosa. Sua voz interna ia e voltava entre juízos severos e indulgência completa. Por isso a esposa não entendia a aleatoriedade da hora de dormir, dos hábitos alimentares e do cronograma de trabalho.

A voz autorregulatória interna de William era, ao mesmo tempo, aleatória, severa e indulgente. A voz criada por algumas pessoas emocionalmente negligenciadas é mais previsível, ou seja, é uma ou outra. Mesmo assim, outras pessoas emocionalmente negligenciadas conseguem descobrir a autorregulação e criam uma voz madura, comedida, carinhosa e firme. Se estiver nessa última categoria, dê a si mesmo todo o crédito pelo serviço bem-feito. Se estiver numa das categorias anteriores, não se desespere. Você pode mudar a voz de sua autodisciplina. Como adulto, pode se recriar nessa área basicamente reconfigurando o próprio cérebro. Isso é possível com um programa simples e eficaz de configuração que chamo de **O programa das três coisas**.

Neste exercício de construção de habilidades, você vai configurar seu cérebro com o *hardware* essencial para ser capaz de fazer o que não quer e vice-versa. Funciona assim: **todo dia, faça três coisas que não quer ou se impeça de fazer três coisas que quer mas não deveria.** Todo dia, registre as Três Coisas em sua (adivinhe!) **Planilha de Mudança "Autodisciplinar-se".**

PLANILHA DE MUDANÇA "AUTODISCIPLINAR-SE"

★Registre suas "três coisas" todos os dias

DOM	Manhã	
	Tarde	
	Noite	
SEG	Manhã	
	Tarde	
	Noite	
TER	Manhã	
	Tarde	
	Noite	
QUA	Manhã	
	Tarde	
	Noite	
QUI	Manhã	
	Tarde	
	Noite	
SEX	Manhã	
	Tarde	
	Noite	
SÁB	Manhã	
	Tarde	
	Noite	

Para ajudar você a entender, vou lhe dar alguns exemplos de três coisas que meus pacientes fizeram e me contaram. Elas são: lavar o rosto, pagar contas, exercitar-se, varrer o chão, amarrar os sapatos, telefonar, lavar a louça e iniciar tarefas. No lado das "coisas que você se impede de fazer": não comer um pedaço de bolo de chocolate com calda de chocolate, não comprar um colar bonito pela internet, não tomar mais um drinque com os amigos, não faltar à aula. Lembre-se de que a questão aqui não é se privar do prazer. Se o bolo de chocolate não for um problema para você, então, talvez, não seja esse o impulso a superar. Experimente escolher vontades que, de algum modo, sejam negativas para você.

Como se pode ver, não importa se a coisa é grande ou pequena. Não é a coisa a ser feita ou não que importa neste exercício. É a ação de superar a configuração-padrão. É parecido com o Experimento George Costanza, pois você está forjando novas vias neurais no cérebro quando se força a fazer uma coisa não sustentada pelas conexões neurais de hoje. Experimente seguir esse programa regularmente. Quando falhar, recomece sem se criticar muito e sem ser indulgente demais para se poupar. Se continuar fazendo o exercício, vai notar que se autorregular, controlar seus impulsos e cumprir tarefas não compensadoras, mas necessárias, ficará cada vez mais fácil. Isso vai começar, crescer e, finalmente, se tornar uma parte ativa e entranhada de quem você é.

PARTE 3 DO AUTOCUIDADO: <u>CONSOLE-SE</u>

Não importa se você é bom nas Regras IAAA (Identificar, Aceitar, Atribuir, Agir) para controlar as emoções; sem dúvida, haverá ocasiões na vida em que se sentirá pouco à vontade emocionalmente. Como já sabe por ter vivido até aqui, a vida nos traz todo tipo de experiência. E, em resposta a essas experiências, temos todos os tipos de emoção, algumas maravilhosas, outras neutras e outras, ainda, desagradáveis. Sem dúvida, o IAAA ajudará nessas horas. Mas o que fazer quando o sentimento persiste ou é difícil de controlar? É aí que entra o autoconsolo.

Como pessoa emocionalmente negligenciada, é provável que você não tenha pensado muito no conceito de autoconsolo. Esta é outra habilidade da vida que as crianças não negligenciadas aprendem com os pais. Quando o pai esfrega as costas do filho agitado para que ele adormeça depois de um pesadelo, quando a mãe pega no colo a criança aos prantos e faz carinho em sua testa, quando o pai escuta com atenção a longa história da filha sobre algo injusto que lhe aconteceu naquele dia na escola, quando a mãe observa com empatia calma e silenciosa o ataque de manha do filho, esses pais emocionalmente presentes ensinam aos filhos essa importantíssima habilidade de vida. As crianças cujas emoções são aceitas, toleradas e adequadamente consoladas internalizam essa capacidade dos pais. Elas absorvem a habilidade de autoconsolo como as esponjinhas que são, e essa habilidade será necessária durante a vida inteira.

Provavelmente, você não cresceu completamente privado de consolo dos pais. Mais uma vez, a questão é se recebeu *o suficiente*. Muitas pessoas emocionalmente negligentes improvisam nessa área quando adultas.

"Uma história? Querida, você não prefere um sedativo leve?"

Assim como não há duas pessoas exatamente iguais, não há duas pessoas que se consolem da mesmíssima maneira. A necessidade de cada um é diferente. Em toda a minha carreira de psicóloga, ajudei os outros a identificar um número aparentemente infinito de técnicas diferentes de autoconsolo.

A pior hora para tentar descobrir o que dá certo é quando você mais precisa. Será muito melhor identificar as boas estratégias e tê-las prontas para experimentar quando necessário. É provável que a estratégia de autoconsolo que funciona numa situação não funcione em outra e vice-versa, portanto é bom não ter apenas uma, mas uma lista delas. Dessa maneira, no momento de necessidade você pode experimentar uma e, se não der certo, passar para outra.

Para identificar consolos eficazes, talvez seja bom recordar a infância. Havia coisas que você achava consoladoras quando criança?

Recorde também as épocas emocionalmente mais difíceis da idade adulta. Houve estratégias úteis de autoconsolo que você usou no passado sem perceber? Um aviso: tome cuidado com o tipo de estratégia. Veja se é saudável para você. Beber, comprar e comer podem ajudar em moderação, mas, se forem usadas em excesso, o problema pode aumentar depois. Ou elas podem acabar criando outra questão para você resolver.

A seguir estão alguns exemplos de estratégias saudáveis de auto-consolo que já foram identificadas e usadas com eficácia por outras pessoas. Experimente-as e/ou use-as como ponto de partida para identificar o que funciona com você e faça sua própria lista.

- Banho de espuma;
- Chuveirada quente e prolongada;
- Escutar música (pode ser uma música específica);
- Polir o carro;
- Exercitar-se: correr, praticar musculação, andar de bicicleta;
- Tocar violão ou outro instrumento;
- Cozinhar, fazer bolo (aqui, falamos do processo; tome cuidado para não usar a comida em excesso para se autoconsolar!);
- Ficar com seu animal de estimação;
- Brincar com uma criança;
- Sair para caminhar;
- Um aroma que você achava consolador na infância;
- Ligar para um amigo;
- Deitar-se no chão e observar as nuvens ou as estrelas;
- Fazer faxina;
- Ir ao cinema;
- Sentar-se em silêncio e olhar pela janela;

- Sentar-se numa igreja e meditar;
- **Autoconversa:** provavelmente a autoconversa ou comunicação intrapessoal é a estratégia mais útil e versátil de todas. Envolve literalmente falar consigo mesmo em seu estado de sentimento desconfortável. É possível fazer isso em silêncio, sozinho, dentro da própria mente, ou seja, você pode praticar em público, no trem, numa reunião. Lembre-se de verdades simples e francas que ajudarão a manter as coisas no devido contexto. Eis alguns exemplos do que você pode dizer a si mesmo:

   "É só um sentimento, e os sentimentos não duram para sempre."

   "Você sabe que é uma boa pessoa."

   "Você sabe que agiu com boa intenção."

   "Você tentou ao máximo e não deu certo."

   "Espere e verá."

   "Isso vai passar."

   "Preciso descobrir o que é possível aprender com isso e depois deixar tudo para trás."

As possibilidades não têm fim e devem ser determinadas pela situação e pelo que você está sentindo. Essa estratégia de autoconsolo funciona com a maioria. Vale muito a pena acrescentá-la a seu repertório.

Use a **Planilha de Mudança "Autoconsolar-se"** a seguir, para fazer sua lista. Mantenha a lista flexível. Risque as que deixaram de funcionar e acrescente outras quando necessário. Faça do autoconsolo uma realização significativa e intencional que cresce e muda com você. Durante toda a sua vida, você precisará da habilidade de se autoconsolar. Conforme for melhorando, verá que fica mais calmo, se sente mais no controle e mais à vontade em termos gerais.

LISTA DE AUTOCONSOLO

1.

2.

3.

4.

5.

6.

7.

8.

9.

10.

PARTE 4 DO AUTOCUIDADO: TENHA COMPAIXÃO POR SI

Talvez você se decepcione ou se sinta aliviado ao saber que não haverá **Planilha de Mudança** para ajudá-lo a criar autocompaixão. É que esse aspecto do autocuidado, na verdade, é mais um sentimento e uma filosofia do que uma habilidade. Será muito mais difícil criá-la com mudanças do comportamento, ou seja, de fora para dentro. É melhor desenvolvê-la de dentro para fora.

Dito isso, deixei a autocompaixão por último por uma razão. Ela é um aspecto de nível mais elevado do autocuidado. Se todos os componentes do autocuidado forem arrumados em forma de pirâmide, a autocompaixão estará no alto. Ela descansa sobre todas as habilidades de autocuidado em que você trabalhou até agora. Requer um nível de amor-próprio e de bondade consigo mesmo que só vem quando é importante para você se tratar bem.

Por que a autocompaixão é tão importante? Se tiver falta de compaixão por si mesmo, é mais provável que você se castigue pelos erros e falhas sinceros com uma voz interna impiedosa, como fizeram Noelle e William no Capítulo 3. Você pode chegar a ponto de se culpar e se zangar por ter sentimentos e problemas normais, como Laura no Capítulo 3, ou até se sentir tão vazio e sem valor a ponto de pensar em suicídio, como Robyn no Capítulo 4.

Não importa como você interpreta: julgar, culpar, desgostar, insultar e querer se matar são o oposto do autocuidado. A probabilidade é que você não trate mais ninguém assim. Então, por que se trata dessa maneira? Tudo isso é autodestrutivo, esgota sua reserva de energia e só leva você para baixo.

Lembre-se de que a compaixão, ao lado da empatia, é uma das formas mais elevadas de emoção humana. É curativa, consoladora e unificante. Atrai as pessoas umas para as outras e as mantém unidas de um modo positivo e convincente. A compaixão que você tem pelos outros faz parte do efeito positivo que causa nas pessoas e no mundo que o cerca. Está na hora de você também receber alguns desses benefícios. Veja aqui cinco princípios básicos para ajudar você a aumentar a autocompaixão.

1º PRINCÍPIO DA AUTOCOMPAIXÃO: A REGRA DE OURO INVERTIDA

"Faça aos outros o que gostaria que fizessem com você" é a Regra de Ouro. Para os emocionalmente negligenciados, a regra é a mesma, mas invertida "Faça com você o que faria com os outros". Em outras palavras, não deixe sua voz crítica lhe dizer algo que você não diria a ninguém que fosse importante para você. Não se castigue de um modo que não castigaria alguém importante para você. Se não castigaria um amigo por ter feito determinada coisa, não se castigue por isso. Ou você acha que diria à sua amiga que raspou o pneu no meio-fio ao estacionar: "Sua idiota, que motorista péssima. Você é uma vergonha"? Não, não diria. Portanto, não fale assim com você. Caso se sinta incapaz de calar sua severa Voz Crítica, recomendo enfaticamente o livro *Autoestima*, de Matthew McKay e Patrick Fanning.

2º PRINCÍPIO DA AUTOCOMPAIXÃO: TOME CONSCIÊNCIA DA PREJUDICIAL RAIVA AUTODIRECIONADA

A raiva de si mesmo é o oposto da compaixão. Comece a notar com que frequência e intensidade se zanga com você mesmo. Isso é importante, porque há um ponto em que a raiva autodirecionada se torna prejudicial. Ela leva você a não se gostar como pessoa, e isso é autodestrutivo. Quando cometer um erro, só há uma coisa a fazer: aprender com ele. Tudo o mais é desperdício de energia. Sempre que sentir raiva de si mesmo, considere que está na hora de virar em sua direção a compaixão que tem pelos outros.

3º PRINCÍPIO DA AUTOCOMPAIXÃO: DÊ A SI MESMO O BENEFÍCIO DE SUA SABEDORIA E COMPAIXÃO

Como pessoa emocionalmente negligenciada, é provável que você seja um ótimo ouvinte. E, como Robyn no Capítulo 4, seus amigos conversam com você porque você lhes dá conselhos úteis. Você não julga e é preocupado e compassivo *com os outros*. Para você, isso é facílimo. Agora, sua tarefa é usar sua própria voz de sabedoria não condenatória para se ajudar, da mesma maneira como faz com os outros. Isso significa *revelar sua sabedoria a si mesmo* e *escutar e aceitar sua própria voz*. Por que os outros deveriam receber o benefício de sua ajuda e carinho, mas você não?

4º PRINCÍPIO DA AUTOCOMPAIXÃO: DESENVOLVA UMA VOZ INTERNA AMOROSA, MAS FIRME

Como pessoa emocionalmente negligenciada, você não teve a vantagem de internalizar a voz amorosa, mas firme, dos pais. Enquanto os pais das outras crianças diziam "Tudo bem, vamos descobrir o que fazer para que você melhore na próxima vez", você tinha de lutar sozinho. Na ausência da contribuição parental prestativa, você dizia a si mesmo o duríssimo "Seu idiota" ou o indulgente "Nem vou pensar nisso". Com o primeiro, você alimenta a raiva de si mesmo e esgota sua energia; com o segundo, você se prepara para cometer o mesmo erro outra vez. Nos dois jeitos, você sai perdendo.

A voz útil, positiva e amorosa, mas firme, parece um diálogo no qual você se questiona e pensa, de maneira *não condenatória*, sobre o que deu errado e como evitar que volte a acontecer no futuro. Eis um exemplo do que sua voz poderia lhe dizer caso você se esquecesse de encher o tanque e ficasse sem gasolina no caminho de casa.

> *"Como isso aconteceu? Você ia parar no posto para abastecer depois de resolver algumas coisas na hora do almoço!"*
>
> *"Bom, vejamos... Por que não parei para abastecer depois do almoço?"*
>
> *"Ah, sim. Eu estava atrasado. Quase não consegui chegar à reunião das 13 horas, porque a fila no Departamento de Trânsito estava enorme."*
>
> *"Essas circunstâncias estavam mesmo fora do meu controle. O que posso fazer para que não aconteça de novo?"*
>
> *"Nunca planeje abastecer na hora do almoço. É apenas uma hora, e não há flexibilidade suficiente para assegurar que será possível."*
>
> *"A partir de hoje, vou abastecer pela manhã, na ida para o trabalho, ou na volta para casa. Assim não me esquecerei mais."*

Observe que essa voz amorosa, mas firme, não é frouxa demais com você, mas também não é dura de um jeito autodestrutivo. A voz usa quatro etapas fundamentais:

1. Considera você responsável pelo erro, sem pular para a culpa ou a condenação;

2. Ajuda você a descobrir que parte do erro é responsabilidade sua e parte se deve a outras pessoas ou circunstâncias;

3. Determina o que fazer de forma diferente, para impedir que o erro volte a acontecer;

4. Ajuda você a perceber que aprendeu algo importante com o erro e a *deixar isso para trás*.

Essas etapas são todas úteis e produtivas. São o meio para atingir um fim. Ajudarão a tornar sua vida melhor, sem prejudicar sua autoestima ou autoconfiança. A vida inteira é voltada para aprender, crescer e melhorar. Essas quatro etapas farão tudo isso por você. Continue a trabalhar na criação dessa voz parental amorosa, mas firme.

5º PRINCÍPIO DA AUTOCOMPAIXÃO: PERMITA-SE SER HUMANO

Assim como os sentimentos, os erros são uma parte essencial de sermos humanos. Os dois são condições inegociáveis da humanidade. Saiba que não há um único ser humano na face da Terra que não tenha muitíssimos sentimentos nem cometa muitíssimos erros. Se encontrar alguém que diga o contrário, não lhe dê ouvidos: é uma pessoa cheia de incoerências (para não dizer coisa pior).

Sem dúvida, trabalhar com todas essas habilidades parece meio assustador. Depois de uma infância privada de alguns componentes importantíssimos do autocuidado e da saúde emocional, você não tem opção além de assumir o papel parental na idade adulta.

Meu juramento solene a você é que, se fizer esse trabalho de se construir tijolo por tijolo, de habilidade em habilidade, passo a passo, você obterá uma incrível recompensa. Enquanto constrói a pirâmide do amor-próprio, também vai escalá-la até chegar ao topo e descobrir que, aí dentro de você, há um nível de bondade e calma que você nem sabia que existia. E, quando voltar para si mesmo sua poderosa compaixão, vai conviver com um novo Eu. Um Eu falível, imperfeito e digno de ser amado, com pontos fracos e fortes, vitórias e derrotas, sensibilidade e resiliência. Um Eu pleno e conectado.

8

FIM DO CICLO: DAR A SEUS FILHOS O QUE VOCÊ NUNCA RECEBEU

"Jurei que não cometeria com meus filhos os mesmos erros que meus pais cometeram comigo."

Se você foi emocionalmente negligenciado e tem ou quer ter filhos um dia, é importantíssimo que leia este capítulo com atenção. A primeira coisa de que trataremos aqui é sua própria culpa parental. Em segundo lugar, identificaremos juntos as áreas em que surgem ou podem surgir no futuro as dificuldades da negligência emocional. Finalmente, falaremos do que é possível fazer para assegurar que você seja um pai ou mãe com sintonia emocional que cria filhos com consciência das emoções e sintonizados consigo e com os outros.

Mas, antes de tudo, comecemos com a boa notícia. Anime-se, porque, não importa quais sejam, os erros que cometemos como pais podem ser corrigidos. As crianças têm uma resiliência incrível. Como eu já disse, elas são como esponjinhas, absorvem tudo o que lhes damos. E o inverso também é verdade: elas não absorvem o que não lhes damos. Assim que mudamos o que lhes damos, elas mudam, em geral, depois de um período de ajuste. Além disso, as mudanças que você fizer em si mesmo vão se estender até seus filhos. Quanto mais você mudar de forma positiva, mais seus filhos naturalmente mudarão de forma positiva. Isso acontece até com adolescentes, embora eles sejam um tanto diferentes, porque é comum fazerem o possível para esconder essas mudanças dos pais. Não se engane. Seu adolescente também está mudando.

1. A CULPA PARENTAL

Eis minha primeira pergunta para você: a leitura deste livro fez você duvidar ou sentir culpa de sua maneira de criar os filhos? Provocou aquela culpa e autocondenação impiedosas, tão típicas dos emocionalmente negligenciados? Se assim for, absorva os princípios a seguir antes de prosseguir na leitura. Enquanto avança pelo capítulo, retorne a esses cinco princípios e os releia quando necessário para abordar qualquer culpa que surja em você. Será preciso que você se sintonize emocionalmente para notar quando se sentir culpado. E cuide emocionalmente de si, para dar um tempo, voltar e relê-los.

- Às vezes, muitos pais sentem algum grau de culpa pelo modo como criam os filhos. É comum que a culpa surja com a preocupação de fazer o trabalho direito. Mas essa culpa NÃO É NECESSÁRIA para criar bem os filhos, e, na verdade, pode atrapalhar a criação saudável;
- Se você for um pai ou mãe com tendência a se sentir culpado, essa culpa pode interferir na capacidade de tomar boas decisões na criação dos filhos. É difícil dizer "não" quando nos sentimos culpados. Fica mais complicado estabelecer limites para os filhos. Podemos questionar cada passo nosso. As crianças percebem as dúvidas dos pais e sabem aproveitá-las. Portanto, a culpa enfraquece sua figura de autoridade;
- Embora a culpa seja um sinal de preocupação, provavelmente você seria um pai ou mãe melhor sem ela. Em vez de se sentir culpado, a meta é ser responsável como pai ou mãe, mas também entender que não há pais perfeitos. Todos cometem erros, e pelo menos alguns são bem grandes;
- Tente seguir na criação dos filhos as mesmas regras que segue para ter autodisciplina. Se for muito duro com os erros na criação dos filhos, você vai desgastar sua própria energia e se

tornar fraco e ineficaz. Cobrar responsabilidade de si mesmo não é a mesma coisa que se castigar;

- Como todo mundo, você cria seus filhos de acordo com o que aprendeu e vivenciou. Não dá para oferecer a eles os pontos fortes emocionais que você não tem. O fato de estar lendo este livro (e este capítulo específico) significa que você dá importância a isso e está preparado, com força suficiente para mudar. Você já tem uma grande vantagem em relação a seus próprios pais.

2. AS MUDANÇAS FEITAS ATÉ AGORA

Talvez você já esteja fazendo algumas mudanças em si mesmo enquanto lê este livro. Se estiver, seus filhos talvez já apresentem alguma reação a elas. Está dizendo "não" mais vezes? Está se pondo em primeiro lugar com maior frequência? Está dando maior prioridade a seu próprio prazer? Todas essas mudanças são saudáveis e terão efeito positivo sobre seus filhos. Infelizmente, talvez eles ainda não percebam. As crianças simplesmente reagem quando não obtêm o que querem, mas isso não significa que seja ruim não obterem o que queriam. Elas vão se beneficiar muito ao ver você se valorizar e dar valor a suas necessidades. Isso lhes permitirá crescer dando valor a si mesmos e a suas necessidades.

Seus filhos precisarão de ajuda para se ajustar à sua mudança. E você precisará combater o efeito da negligência emocional que pode ter se infiltrado neles. Se vir seu filho reagir às mudanças que você fez, tente não reagir à reação. É melhor mergulhar *sob* o comportamento deles e se perguntar: "*O que eles estão sentindo agora?"*. Então, com gentileza, devolva isso aos filhos, assim: *"Sei que você não está acostumado a me ouvir dizer "não" a isso, querido. Sinto muito. Sei que deve ser difícil para você quando começo a tomar decisões diferentes"*. Isso não impedirá seus filhos de ficarem aborrecidos com o "não". Mas você vai se espantar ao ver que simplesmente validar seus sentimentos ajuda muito. Voltaremos a isso mais adiante.

3. IDENTIFIQUE SEUS DESAFIOS ESPECÍFICOS COMO PAI OU MÃE

A melhor maneira de saber se sua negligência emocional está afetando os filhos é voltar e examinar como ela o afetou. Os furos e lacunas que você tem em sua saúde emocional serão os mesmos que seus filhos terão maior probabilidade de apresentar, a menos que você os preencha. Vamos olhar outra vez a lista de características adultas que as pessoas emocionalmente negligenciadas costumam apresentar. Enquanto lê a lista, marque cada item com que você se identificou quando leu o Capítulo 3.

1. Sentimento de vazio;

2. Contradependência;

3. Autoavaliação não realista;

4. Sem compaixão por si, muita pelos outros;

5. Culpa e vergonha: o que há de errado comigo?;

6. Raiva e culpa autodirecionadas;

7. Falha fatal (se me conhecessem de verdade, ninguém gostaria de mim);

8. Dificuldade de acolher a si e aos outros;

9. Pouca autodisciplina;

10. Alexitimia: pouca consciência e compreensão das emoções.

Se não tiver certeza de uma característica específica, volte e releia o Capítulo 3. Não pense demais; escute seus instintos. A questão não é o que você *pensa*. É o que você *sente*. Pergunte-se o que sente: *essa questão específica se aplica a você?* Neste caso, confie em seus sentimentos e terá o bônus adicional de ser um bom treino para aprender a confiar mais em seus sentimentos em geral.

Agora que identificou as características adultas de sua negligência emocional, falemos de como funciona cada uma delas no contexto da criação de filhos.

1) VAZIO *VERSUS* CHEIO DE COMBUSTÍVEL ADITIVADO

O sentimento de vazio surge porque você não foi emocionalmente abastecido quando criança. Algo faltou em sua conexão com os pais, uma plenitude de qualidade e/ou quantidade de conexão emocional na infância. Pensemos na qualidade da conexão emocional de sua família como um tipo de combustível. A criança que cresce com combustível comum ou aditivado *suficiente* provavelmente não terá problemas de vazio quando adulta.

Se você recebeu combustível de qualidade inferior quando criança e sente o vazio quando adulto, há uma boa probabilidade de que não ofereça a seus próprios filhos combustível aditivado *suficiente*. Se isso lhe parece familiar, é importantíssimo perceber que *não é culpa sua*. Você não pode dar a seus filhos o que não tem. Também é importante saber que esse dilema tem solução. A fórmula não é simples; não é uma lista de verificação e não tem nada a

FIM DO CICLO • 233

ver com mudanças de comportamento. Na verdade, *a única maneira de dar aos filhos o que você não tem é se abastecer disso que você não tem.* Só então seu filho vai se beneficiar.

Veja como funciona. Quando trabalhar com todos os exercícios apresentados no Capítulo 6, projetados para lhe ensinar a dar valor às suas emoções, você se tornará um ser humano mais conectado, expressivo e ricamente consciente. Ao passar pelo processo de mudança do Capítulo 7, você aumentará a octanagem do combustível em seu próprio tanque. Quanto mais rico se tornar seu combustível, mais rico será o combustível que oferecerá a seus filhos. Quanto mais cuidar de si mesmo, se amar, se compreender e valorizar o eu emocional, mais você cuidará, amará, compreenderá e valorizará seus filhos e as emoções deles. Aos poucos, você terá menos sentimentos de vazio e, aos poucos, seus filhos terão menos tendência ao vazio. O tanque deles vai se encher de amor de alta octanagem, aditivado e de queima longa, por si e pelos outros, que vai abastecê-los durante a vida toda.

2) CONTRADEPENDÊNCIA *VERSUS* INTERDEPENDÊNCIA MÚTUA

Se tem essa característica adulta, significa que, em algum momento, você recebeu dos seus pais a mensagem de que não é aceitável que dependa ou precise dos outros. A falta de atenção ou tolerância dos pais ou a falta de atendimento de suas necessidades emocionais lhe passaram a mensagem clara de que é melhor ser *ferozmente independente.* É melhor evitar a necessidade de ajuda ou atenção. É melhor se virar sozinho.

Agora, reserve um momento para refletir sobre esta pergunta: você consegue pensar de que maneira pode estar transmitindo essa mensagem a seus filhos em sua criação? Como cresceu valorizando a independência total, faz sentido você dar valor a ensinar os filhos a serem assim. Ou talvez nunca tenha pensado nisso e, automaticamente, só faz o que sabe, como todos os pais tendem a fazer de forma natural. Seja como for, você está preparando seus filhos para perder as grandes vantagens de serem mutuamente interdependentes com os outros seres humanos.

"O que é isso de interdependência mútua?", talvez você pergunte. A interdependência mútua é o equilíbrio ideal no relacionamento entre adultos, seja casamento ou amizade (estou excluindo a relação pais/filhos porque nela, naturalmente, está embutido um enorme volume de dependência). Na interdependência mútua, os dois lados do relacionamento conseguem um nível saudável de independência e autoconfiança, mas cada um recorre ao outro para algumas coisas em alguns momentos. Cada pessoa maximiza o potencial de cuidar de si mesma, que é ainda mais maximizado pelo acréscimo do que o outro tem a oferecer.

Quando passa aos filhos a mensagem de que não devem depender dos outros, você os priva da força valiosa que as outras pessoas da vida deles podem lhes dar. Essa força pode ser tudo aquilo em que o outro nos enriquece, nos aviva ou reduz nosso fardo. Alguns exemplos simples do vasto mar de possibilidades: palavras consoladoras, um toque calmante, ajuda para mudar os móveis de lugar e uma refeição bem preparada. Na vida, é preciso haver um equilíbrio que nos permita dar e receber, amar e ser amados, cuidar e ser cuidados. Essa é a interdependência mútua. Você e seus filhos a merecem.

Se você é pai ou mãe, como criar os filhos se esse tipo de equilíbrio não é natural para você? A realidade é que não é fácil. O bom é que as mudanças que fizer em sua própria contradependência vão respingar em seus filhos. Quanto menos medo você tiver de recorrer aos outros, menos seus filhos terão esse mesmo medo. Mas aqui está o aspecto mais importante: quanto mais você estiver ao lado de seus filhos *quando eles precisarem de você*, mais mutuamente interdependentes eles serão. Não tenha medo de torná-los dependentes demais. A única maneira de fazer isso é ajudá-los com demasiada frequência, de várias maneiras, quando eles *não* precisarem de ajuda.

Para estar ao lado dos filhos quando eles precisarem, mas sem exagerar, você precisa se sintonizar com eles. Lembra-se da mãe sociopata de Zeke que o pôs de castigo no quarto e mandou que escrevesse "Nunca mais vou criar problemas na escola" cinquenta vezes em letra cursiva? Ela foi um exemplo extremo de pessoa sem sintonia com a capacidade do filho. A mãe com uma visão tão distorcida do que o filho consegue ou não fazer em termos de desenvolvimento não saberá avaliar quando interferir para ajudá-lo.

Assim, para distinguir corretamente o momento de ajudar seus filhos, é bom seguir o exemplo do Capítulo 1, *criação de filhos saudável ou emocionalmente negligente*, que também usou o Zeke como exemplo. É preciso **sentir uma conexão emocional** com os filhos para saber quando está na hora de interferir, consolar e ajudar; é preciso **prestar atenção** aos filhos para ter uma boa ideia do que eles realmente conseguem ou não fazer e assim saber quando genuinamente precisam de ajuda; é preciso **reagir com competência**, ou seja, dar-lhes ajuda significativa e apropriada.

Nenhum pai ou mãe é perfeito em todas essas etapas. Só dá para tentar da melhor maneira possível. Se agir assim, seus filhos vão amar e apreciar você de outra maneira, porque sentirão que você os entende e que recebem apoio e ajuda quando precisam. Terão mais disposição de ir mais longe, ter relacionamentos mais ricos e aproveitar melhor todo o seu potencial. Serão independentes e capazes de aceitar a ajuda dos outros. Vão se sentir menos sozinhos no mundo pela vida inteira.

3) AUTOAVALIAÇÃO NÃO REALISTA *VERSUS* NOÇÃO CLARA E FORTE DE SI MESMO

Basicamente, essa característica adulta se resume a não saber direito quem você é. Lembra-se de que falamos sobre crianças que aprendem sobre si mesmas quando se veem refletidas nos olhos dos pais? Esse reflexo é difícil de captar quando os pais não olham muito para você. Se, na idade adulta, você tiver uma visão sua que não é clara nem baseada na realidade, provavelmente seus pais não foram *suficientemente bons* em prestar atenção em você. Isso pode significar que não passaram tempo suficiente com você, mas não necessariamente. Os pais podem ficar 24 horas com os filhos (não que isso seja saudável) e mesmo assim não ver esses filhos. **Prestar atenção**, neste caso, não significa servir suco quando necessário. Nem se refere à colocação artística de um lindo prendedor de cabelo. Significa notar as preferências e aversões dos filhos, conhecer seus pontos fortes e fracos, recordá-los e retroalimentá-los aos filhos de forma proveitosa. É assim que a criança internaliza uma noção realista de quem é.

Uma das **Planilhas de Mudança** era sobre gostar ou não. Essa planilha foi pensada para ajudar você a ter mais consciência das coisas que, de forma inata, aprecia ou deixa de apreciar. Gostar e não gostar influencia a autoavaliação, assim como habilidades, aparência, traços da personalidade, talento e preferências sociais, hábitos e os fatores quase infinitos que formam a pessoa que você é. O processo que você usa para aprender sobre do que gosta ou não também pode ser empregado para saber mais sobre suas complexidades. E esse processo se aplica igualmente ao modo como você cria os filhos.

Na criação dos filhos, é importante prestar atenção e lhes dar feedback útil todos os dias. Isso não significa ser excessivamente crítico ou negativo, porque seria prejudicial à autoestima deles. Mas, quando vir seu filho brilhar muito mais no futebol do que no basquete, você pode dizer, por exemplo: "Você é uma máquina de jogar futebol!". Não deve lhe dizer isso em relação ao basquete, se não for verdade. Mas não deve dizer: "Você não é bom no basquete", porque isso é negativo demais e pode ser prejudicial.

Reflita de volta a seu filho as habilidades acadêmicas em que ele naturalmente brilha. Reflita a habilidade que para ele é mais difícil e diga, por exemplo: "Precisamos dedicar mais tempo à matemática". Se a criança mostra pouco talento no violino, mas adora tocar, ressalte que admira seu amor pela música e a disposição de se esforçar muito para dominar alguma coisa. Evite dar feedback severo demais que possa ferir os sentimentos dos filhos. Evite dar feedback que não seja realista. Seja franco e amoroso, carinhoso e claro.

Às vezes, só é preciso estar lá, observar e não dizer nada. Seu filho absorverá sua vigilância e verá o próprio reflexo. Nos mais de dezoito anos que você passará em sua criação, ele vai procurar esse espelho parental muitas e muitas vezes. Verá essa parte sua, aquela parte sua. Verá as peças crescerem, mudarem e se desenvolverem. As peças vão se reunir num reflexo preciso de uma pessoa plena e completa, e essa pessoa saberá o que quer e do que é capaz. Ela começará a vida adulta com uma tremenda vantagem que você não teve: uma imagem plena, clara e forte de quem é. Essa é uma dádiva que só você pode lhe dar.

4) SEM COMPAIXÃO POR SI *VERSUS* TER COMPAIXÃO

Como pai ou mãe, você não quer que seus filhos cresçam se tratando com severidade, castigando-se pelos próprios erros. Você quer que eles aprendam com os erros, cresçam sempre e se amem. Seu trabalho é ensiná-los compaixão por si e pelos outros. Para isso, você pode aplicar os mesmos cinco Princípios da Autocompaixão de que falamos no Capítulo 7. Se você tiver compaixão pelos filhos, eles a terão por si e pelos outros.

Lembre-se de que o primeiro princípio da compaixão é a Regra de Ouro Invertida. Veja como isso se aplica à criação dos filhos: *"Faça com seu filho o que gostaria que seus pais tivessem feito com você"*.

Os pais que crescem emocionalmente negligenciados não podem seguir o ajuste-padrão de criação de filhos. Como esse ajuste-padrão foi determinado pelos cuidadores primários, o mais provável é que resulte na transmissão aos filhos da negligência emocional. Como pais, precisamos nos esforçar muito para superar nossa configuração e criar outra mais saudável para nossos filhos. Assim, quando seu filho tomar uma decisão ruim, estragar tudo ou fizer algo errado ou impensado, será importante se esforçar ao máximo para não reagir de imediato. As reações impulsivas e emocionais serão determinadas por seu ajuste-padrão. Em vez disso, pare um instante e pense. *Se eu fosse meu filho, o que eu precisaria que meus pais fizessem agora para aprender e ir em frente?*

O segundo princípio da autocompaixão, quando aplicado à criação de filhos, envolve observar e reagir quando você vir seu filho sendo duro consigo mesmo. Quando seu filho se castigar por seus erros ou ficar com raiva autodirecionada em excesso, está na hora de se intrometer e ajudar. Ressalte que a raiva de si mesmo é descabida e excessiva. Mesmo que na hora não ajude muito, isso plantará na mente dele uma semente que vai crescer. Então, use sua habilidade de autoconsolo para consolar a criança, de modo que ela possa internalizá-la.

O terceiro princípio da autocompaixão é dar aos filhos o benefício de sua sabedoria e compaixão. Para que aprenda a se perdoar, a criança precisa vivenciar o perdão dos pais. Ela internalizará o nível de severidade que for aplicado a ela. Isso engloba os dois princípios anteriores porque exige reagir aos erros dos filhos considerando-os adequadamente responsáveis, intervir quando forem duros demais, ajudá-los a entender o erro e a situação e, finalmente, perdoar. Quando você faz todas essas coisas, a criança aprende a fazê-las para si.

Ajudar os filhos a desenvolver uma voz interior amorosa mas firme, que é o quarto Princípio da Autocompaixão, é fundamental para que eles tenham compaixão por si mesmos. Lembra-se do exemplo do Capítulo 7, da voz interna saudável a usar quando o combustível acaba? Esse é um bom modelo para usar também com os filhos. No papel de pai ou mãe, converse sobre o que e por que aconteceu e ajude a criança a determinar por si só onde errou. Então, explique-lhe que a razão de errarmos é aprender com os erros (Quinto Princípio da Autocompaixão). Oriente-a no processo de entender, assumir, aprender e perdoar. Esse processo é valiosíssimo e preparará a criança para dar apoio e ser responsável, fatores fundamentais do adulto forte e bem-sucedido que tem amor e compaixão por si e pelos outros.

5) CULPA E VERGONHA *VERSUS* AUTOACEITAÇÃO SAUDÁVEL

Lembra-se do que causa culpa e vergonha nos emocionalmente negligenciados? É a ausência de aceitação e validação parentais dos sentimentos da criança, que, por fim, acredita que há algo errado com ela por sentir emoções. Como todo mundo tem emoções, a criança acaba com vergonha dessa parte sua e tenta escondê-la dos outros e até de si mesma. Então, como pai ou mãe, o que você pode fazer para garantir que isso não aconteça com seus filhos? Aceite e valide suas emoções, é claro.

Para pais emocionalmente negligenciados, isso pode ser mais difícil do que parece. Exige que você se sinta mais à vontade com as emoções em geral. Você precisará ser tolerante com o que seus filhos sentem, mesmo que ache esses sentimentos excessivos ou incorretos.

Aqui estão algumas sugestões para entender e aceitar as emoções de seus filhos. Para ilustrar, pensemos nas emoções como água que flui das crianças.

- Se você puser uma barreira na frente da água, ela terá de correr para algum lugar. Vai contornar a barreira, passar por cima ou, finalmente, se não tiver para onde ir, voltará para a fonte (ou seja, a criança vai voltar as emoções contra si mesma). Não importa; a água vai correr para algum lugar. *Não é possível interromper o fluxo dos sentimentos da criança.* Portanto, nem tente;
- Para lidar com a água, é preciso deixar que ela corra enquanto você vai à fonte. Assim, quando seus filhos sentirem alguma coisa, deixe os sentimentos correrem e, ao mesmo tempo, tente chegar à causa original do sentimento. Para isso, é possível fazer perguntas à criança para que vocês dois entendam ou recordem situações que possam ter causado ou intensificado os sentimentos;

FIM DO CICLO • 241

- Atenção ao perigo de deixar os sentimentos de seu filho inundarem vocês dois. Embora não seja aconselhável tentar interromper os sentimentos da criança, há o momento de interferir e ajudá-la a controlá-los. Interromper e ajudar a controlar não são a mesma coisa. É a diferença entre "meninos não choram" e "vamos descobrir juntos o que está acontecendo e como resolver";
- Lembre-se de que os sentimentos da criança são uma parte básica dela, enraizada na anatomia humana. Seus filhos não devem receber de você a mensagem de que não é para tê-los, mas é bom que aprendam com você que é possível e necessário controlá-los;
- Use as habilidades de controle de emoções do Capítulo 6 para ajudar seus filhos a aprenderem essas técnicas essenciais;
- Use as habilidades de controle das emoções em si mesmo, e seus filhos também aprenderão pelo exemplo.

Se fizer o possível para seguir todos os princípios de controle de emoções mencionados anteriormente, você ensinará aos filhos o oposto de culpa e vergonha e lhes dará habilidades essenciais que eles aplicarão em todas as áreas da vida. A criança receberá de você a mensagem de que os sentimentos são uma parte normal e saudável de sua identidade; que deve escutar o que lhe dizem, mas que não está à mercê deles. Em consequência, crescerá aceitando e até valorizando essa parte vital, conectora e enriquecedora de si mesma.

6) AUTOCULPA *VERSUS* PERDÃO

Perdoar é o estágio final da autocompaixão. Quando a criança comete um erro ou faz uma má escolha, você usará os Princípios da

Compaixão para ajudá-la a entender qual parte do erro é dela, qual é de outra pessoa e qual é das circunstâncias. Então, você a ajudará a descobrir como corrigir o erro e evitar que volte a acontecer. Em seguida, você a ajudará a se perdoar e a deixar isso para trás.

Você dedicará todo esse tempo e energia a criar os filhos porque tem experiência pessoal do que aconteceu com você quando seus pais não fizeram isso. Por experiência, você sabe que, se não avançarmos a partir dos muitos erros que cometeremos na vida, ficaremos presos a eles. Se não nos perdoarmos, os erros se tornam uma parte de nós desnecessariamente grande. Podem ocupar a noção que temos de nós e até se tornar quem somos. Não é bom que seus filhos sejam definidos pelos erros, como talvez você tenha sido pelos seus. Ensine-lhes o último passo: como *deixar os erros para trás*. Então, esses erros serão proporcionais à realidade, e a criança será liberada para correr os riscos apropriados de maneira saudável e manter intactos a autoestima e o amor-próprio.

7) FALHA FATAL *VERSUS* MERECEDOR DE AMOR E AFETO

Provavelmente, você recorda que a Falha Fatal é o sentimento de estar danificado: "Se me conhecer o suficiente, você não gostará de mim". Isso é comuníssimo nos emocionalmente negligenciados por causa da *ausência* de afeto e observação positivos dos pais. Nem consigo contar quantos adultos emocionalmente negligenciados, ao lhes perguntarem se *sentiam-se* amados quando crianças, responderão "Eu sempre *soube* que meus pais me amavam". Saber não é sentir, e sentir é o segredo aqui.

É fundamental garantir que seu filho, mais do que saber, *sinta* que você o ama e gosta dele. Abraços calorosos e carinhosos, risos e a apreciação verdadeira da personalidade da criança ajudam muito a lhe transmitir esse *sentimento*. Sei que parece algo básico na criação dos filhos, mas é uma daquelas coisas que muita gente emocionalmente negligenciada cresceu sem quantidade suficiente. E, se não for natural para você, é bom cultivar para o bem dos filhos.

Para avançar mais, uma etapa essencial para impedir que os filhos tenham a Falha Fatal é resolver a sua. A Falha Fatal é uma daquelas características que parecem se transferir de pais para filhos quase por osmose. Ela passa de um para o outro sem ser notada nem percebida e começa a fazer parte da identidade da criança, como acontece com os pais. Por ser uma emoção complexa e subterrânea, raramente as pessoas têm consciência dela e, sem dúvida, não sabem colocá-la em palavras. Em vez disso, é um sentimento onipresente que controla muitas decisões e pende como uma nuvem negra (lembre-se de Carrie, do Capítulo 3). Mas o resultado é que, se não se sente assim, você não precisa se preocupar com o fator osmose.

Espero que, ao ler esta seção, tenha ficado claro que seus sentimentos a seu respeito se estendem até seus filhos. Se *sente* amor por si mesmo, você terá uma capacidade muito maior de *sentir* amor pelos filhos. Se tem uma noção forte de seu próprio valor, ela chegará até seus filhos, que também verão o próprio valor. A questão principal é: se cuidar do que falta dentro de você, essa ausência não será transferida a seus filhos.

8) DIFICULDADE DE ACOLHER *VERSUS* DAR E CUIDAR

Como cresceu com negligência emocional, provavelmente você sofreu lacunas no acolhimento que recebeu dos pais. Talvez fosse muito bem cuidado em algumas áreas, fisicamente, por exemplo, mas não em outras. O acolhimento é como um tipo quentinho de cuidado. É dar ao lado de cuidar. Lembra-se de David, que tinha tanta dificuldade com o acolhimento que se ressentia da filha por fazê-lo se preocupar com ela? Como dissemos aqui, David era como uma esponja longe demais da água. O eu emocional ficou ressecado e quebradiço, e ele tinha grande dificuldade em aceitar e dar qualquer coisa.

Sua tarefa agora, como pai ou mãe que teve um acolhimento no máximo irregular dos pais, é assegurar que seus filhos não fiquem com o tanque vazio. Cada coisa especial que fizer para garantir que os filhos se sintam cuidados os prepara para serem capazes e dispostos a dar o mesmo aos outros. Você quer que seus filhos tenham o máximo possível de sucesso no casamento e com os próprios filhos. Se lhes der muito cuidado afetuoso durante a vida inteira, eles terão em grande quantidade para dar a quem amarem.

Eis algumas ideias para prover acolhimento emocional aos filhos:

- Abrace espontaneamente seus filhos quando notar que estão tristes;
- Pergunte se está tudo bem quando achar que estão aborrecidos;
- Dedique mais tempo a seus filhos quando achar que eles precisam;
- Quando a criança passar por uma transição ou fase difícil, como início e fim das aulas, mudanças, troca de amigos etc., converse com ela e faça algo especial para mostrar que você nota o que ela está passando;
- Atente-se com frequência aos sentimentos dos filhos. Ajude-os a tomar consciência desses sentimentos e a lhes dar nome. Aceite e valide o que sentem. Os filhos vivenciarão tudo isso como acolhimento.

FIM DO CICLO • 245

9) POUCA AUTODISCIPLINA *VERSUS* NO CONTROLE

Como já falamos, é bem provável que sua luta pessoal com a autodisciplina seja algum reflexo da disciplina que recebeu de seus pais. As crianças deixadas por conta própria logo aprenderão a se entregar aos prazeres. Também podem aprender a ser muito duras consigo mesmas. Ainda, podem passar a se chamar de preguiçosas, procrastinadoras ou viciadas em compras. O que *não* aprenderão é como se obrigar a fazer o que não querem e a não fazer o que não devem. Seus filhos também não aprenderão, a menos que você lhes dê o que tem dificuldade de oferecer a si mesmo: estrutura, regras claras e consequências adequadas e previsíveis.

Estrutura: Quando oferece estrutura aos filhos, você os ensina a se estruturar. Por exemplo, a hora de dormir nos dias de aula é 21 horas. É uma regra sensata. Quando a cria e impõe aos filhos, você os ensina a criar uma regra na cabeça e segui-la. Outro exemplo pode ser fazer dever de casa logo após a escola, antes de sair para brincar. Isso força a criança a sobrepor-se aos próprios impulsos a seu pedido. Quando estiver mais velha e controlar o próprio tempo, ela levará consigo essa habilidade de dominar seus impulsos. Se conseguir se estruturar, será bem menos provável que procrastine.

Regras: Depois de estabelecer para seus filhos uma estrutura firme, mas razoavelmente flexível, é importantíssimo deixar essa estrutura clara. Até certo ponto, a autodisciplina é a capacidade de estabelecer regras claras para si e depois se obrigar a segui-las. Essa é a disciplina saudável em seu papel de pai ou mãe. Garanta que as regras sejam claras, adequadas à idade e fáceis de seguir. Coloque-as na porta da geladeira, anuncie-as na reunião de família. Não as mude sem razão nem sem informar a seus filhos. Os filhos precisam saber com clareza o que é esperado deles.

Consequências: Seus filhos precisam saber o que acontecerá se quebrarem uma regra. "Se não levar o lixo para fora na terça-feira, vou transformar sua vida num inferno" não funciona. "Se não levar o lixo para fora na terça-feira, vou tirar seu tablet até você cumprir a tarefa" funciona, porque a consequência é clara. "Se você não levar o lixo para fora na terça-feira, vou vender seu tablet" não funciona porque a consequência é dura demais. Não combina com o crime. A consequência tem de ser ao mesmo tempo clara e adequada; além disso, deve acontecer de forma confiável. A realização da consequência não pode depender de você prestar atenção ou ter energia para cumpri-la. Seus filhos precisam saber que você fala sério e o que esperar de você. Dar a eles menos do que isso vai ensiná-los a quebrar as regras e a ter problemas com a autodisciplina.

10) ALEXITIMIA *VERSUS* CONSCIÊNCIA EMOCIONAL

Na leitura deste livro, talvez você tenha percebido que a consciência emocional é uma das maiores dádivas que você pode dar a seus filhos. Você quer que eles saibam o que sentem e por quê, e sejam capazes de exprimir isso em palavras. Também quer que tenham a habilidade de descobrir o que os outros sentem e sejam capazes de deduzir as razões dos sentimentos e das ações dos outros. Esses são aspectos importantes do que Daniel Goleman chama de *inteligência emocional*. Os estudos científicos realizados por Goleman mostram que a inteligência emocional elevada é um elemento que prevê melhor do sucesso do que a inteligência intelectual elevada. As pessoas emocionalmente inteligentes têm uma vantagem imensa ao se orientarem pelo mundo. Isso inclui tanto o local de trabalho quanto o casamento, as situações sociais e a criação de filhos.

Por conhecer a importância dessas habilidades, como garantir que os filhos as tenham? Em primeiro lugar, tudo sobre o que falamos neste capítulo contribuirá para a consciência emocional dos filhos. Além disso, há mais coisas que você pode fazer.

Na escola, seus filhos aprenderão pouco sobre as emoções, isso se aprenderem. Essa parte da educação cabe a você. Veja as cinco etapas para ensinar as emoções a seus filhos para que eles tenham um nível elevado de consciência emocional:

1. Preste atenção e observe o que seus filhos sentem;
2. Faça um esforço para sentir o que eles sentem;
3. Ponha os sentimentos em palavras para eles e ensine-os a usar as próprias palavras para exprimir os sentimentos. Quando necessário, se apoie na **Lista de Nomes de Sentimentos**, na seção Recursos para a Recuperação;
4. Use a habilidade do **Questionário Vertical** para ajudar os filhos a entenderem as razões dos sentimentos;
5. Faça das emoções uma parte importante da vida. Mantenha a linguagem emocional em seu vernáculo cotidiano. Só isso já transmitirá aos filhos o valor e a importância da emoção e estimulará seu interesse em entender a parte *sentida* da vida.

Enquanto lia esta seção, você começou a se sentir culpado? Condenou-se por não fazer tudo certo? Se assim for, é compreensível. Significa que você é igualzinho a muitos outros pais carinhosos. Não há pais sem defeitos. Todos falham em algumas dessas áreas. Todos os pais têm dificuldades, e todos falham às vezes. Como pai ou mãe emocionalmente negligenciado, seus desafios são maiores.

Você precisa ter compaixão por si mesmo, aprender com os erros e continuar se esforçando enquanto avança.

Se conseguiu identificar em que áreas sua negligência emocional o afeta e leu neste capítulo o que fazer, há uma tremenda possibilidade de conseguir corrigir esses problemas com seus filhos. As crianças têm uma resiliência espantosa e se recuperam bem. Os adolescentes reagem com maior lentidão à mudança dos pais, mas reagem. Não ceda à sua configuração-padrão. Você precisa lutar por seu bem e pelo bem dos filhos.

Criar filhos é um dos maiores privilégios que temos como seres humanos. Não importa a mão que recebemos no jogo; nosso imperativo social e biológico é dar cartas melhores aos nossos filhos. Nosso trabalho é embaralhar as cartas e dedicar mais tempo e cuidado a eles do que nossos pais dedicaram a nós, para lhes dar as vantagens que não tivemos. Juro que não há nada no mundo que encha mais *seu* tanque com combustível de alta octanagem do que dar aos filhos cartas melhores do que as que você recebeu. É a coisa mais realizadora, positiva, amorosa, enriquecedora e heroica que você jamais fará. E sentirá isso a cada passo. Seus filhos se tornarão as melhores versões possíveis de si mesmos, e você também.

9

PARA O TERAPEUTA

O conceito de negligência emocional foi ficando visível para mim aos poucos durante quinze anos, conforme eu praticava a psicoterapia. Nesse período, tratei vários pacientes que pareciam não se beneficiar suficientemente das ferramentas comuns de nosso ofício: empatia, *insight*, terapia cognitiva, confronto, terapia de família ou de casais, medicamentos etc. Eram esses os clientes que eu me sentia incapaz de entender plenamente. Parecia que faltava algo essencial no quadro clínico que me ajudaria a entender a pessoa inteira, seus sintomas e sua dor. Era como se eu fosse o cego da fábula que tateia partes do elefante sem perceber que havia um elefante inteiro que eu deveria estar atendendo.

No fim, foi o valente compromisso com o tratamento por parte de alguns clientes dedicados que me ajudou a tomar consciência desse problema subjacente. Esses clientes, apesar da contradependência, foram capazes de se manter na terapia por tempo suficiente para que eu reconhecesse o que ocorria sob a superfície, lhe desse um nome e o abordasse.

Conforme esse elemento que faltava se desenvolvia lentamente num modelo completo em minha cabeça, descobri que pensava nele com a designação de negligência emocional. Não me recordo de ter lido livros ou artigos de revistas nem comparecido a algum treinamento em que a negligência emocional fosse o foco. Mas a expressão era conhecida e tinha um significado específico para mim.

Fiquei curiosa e quis saber se havia alguma ciência que respaldasse as observações sobre as quais se baseava o modelo. Passei muitas horas examinando as bibliotecas de pesquisa da American Psychological Association (APA) atrás de artigos, livros ou textos acadêmicos que tratassem da negligência emocional. A primeira coisa que descobri foi que as palavras *emoção* e *negligência* são muito usadas juntas em textos clínicos e acadêmicos, e isso ajudou a explicar a sensação de familiaridade. Mas, em vez da expressão "negligência emocional", em geral, as duas palavras surgem juntas da seguinte forma: negligência e abuso emocional. Quando olhei com maior atenção, ficou claro que, quando a emoção é abordada nessa área da literatura, é sob a forma de um ato voluntário: o abuso emocional. Quando se fala em negligência, é sobre a variedade material e observável: negligência física. Percebi que a literatura não abordava o ato de omissão difícil de perceber, mas igualmente prejudicial: a negligência emocional.

Foi então que decidi escrever este livro. Minha intenção e esperança ao escrevê-lo era chamar a atenção para o processo mencionado acima: a omissão, enteada tão desdenhada do erro parental. Fiquei mais motivada para divulgar o modelo pela observação de que muitos pais que cometem esse erro de omissão são excelentes em outros aspectos e têm a melhor das intenções, o que obscurece ainda mais o quadro clínico para os profissionais de saúde mental que tentam entender seus clientes.

Nos últimos dez anos, ganhei prática em perceber a negligência emocional. Concluí que ela precisa ser tratada, mas não é fácil, pois os próprios pacientes se concentram em outros sintomas mais perceptíveis. Muitos resistem desde o princípio à noção de que foram emocionalmente negligenciados. O que também complica o tratamento é a contradependência já mencionada, que tantas vezes faz parte da negligência emocional, pois é comum que afaste esses clientes do tratamento prematuramente.

Descobri que, quando um cliente emocionalmente negligenciado reconhece afinal seu "elefante", o tratamento acessa com maior facilidade a profundidade emocional. A partir desse ponto, a terapia tende a avançar com maior rapidez. Adiante neste capítulo, darei sugestões para identificar e tratar esse problema subjacente, inclusive como combater a contradependência e abordar a vergonha, a culpa e a autocondenação que tendem a acompanhar a negligência emocional. Mas, antes, vejamos a literatura científica relacionada a esse modelo.

PESQUISA

Como já observado neste capítulo, fui incapaz de encontrar estudos e textos que descrevessem ou examinassem diretamente o fenômeno da negligência emocional. No entanto, ele está intimamente ligado a duas grandes áreas da literatura. Vejo seu núcleo na interseção entre a **teoria do apego** e a **inteligência emocional**. A teoria do apego oferece a melhor demonstração de como os atos parentais de omissão levam aos sintomas de negligência emocional. O campo da inteligência emocional aborda o mais importante de todos os sintomas de negligência emocional: a falta de consciência e conhecimento das emoções.

TEORIA DO APEGO

A compreensão científica da mente humana avançou muito desde que John Bowlby escreveu *Cuidados maternos e saúde mental*, em 1951. O livro de Bowlby lançou a noção de que o apego do bebê à mãe tem impacto significativo sobre a personalidade que esse bebê terá quando adulto. Essa teoria foi criticada e questionada por outros especialistas da época por se basear em pouquíssimos dados. Outros cientistas resistiram às ideias de Bowlby porque elas questionavam a crença universal de que o desenvolvimento da criança se baseava puramente em sua vida de fantasias internas e não tinha nada a ver com relacionamentos externos, nem com a maternidade. Felizmente, vários outros cientistas estudaram a teoria de Bowlby desde aquela época. Alguns passaram muitas horas e muitos dias observando e registrando as interações mais sutis entre mães e filhos. Com métodos longitudinais, conseguiram encontrar algumas daquelas sutilezas entre mãe e filho refletidas nas mesmas crianças anos depois.

Nos últimos sessenta anos, centenas de estudos do processo de apego demonstraram a importância da conexão emocional entre mãe e filho. Na década de 1970, o psiquiatra Daniel Stern ajudou a refinar nosso entendimento do apego com o uso de videoteipe para identificar o processo que chamou de "sintonia". Sua definição de sintonia envolvia a resposta da mãe ao bebê, com expressões ou comportamentos emocionais que combinavam ou refletiam com exatidão o estado emocional da criança. Stern postulava que a sintonia emocional da mãe, iniciada no momento do nascimento, comunica à criança que ela é entendida e que suas necessidades serão satisfeitas. Isso oferece uma base sólida sobre a qual a criança pode avançar para correr riscos e explorar o mundo.

Muitos pesquisadores posteriores, como Mary Ainsworth (1971) e Isabella e Belsky (1991), demonstraram a conexão direta entre as atitudes dos pais frente à emoção e a capacidade posterior dos filhos de controlar, aceitar e exprimir suas emoções. A quantidade de pesquisas é tão grande que, hoje, poucos profissionais de saúde mental, se é que existem, questionariam essa verdade bem documentada.

Quando se observa a pesquisa do apego, encontram-se numerosos estudos que examinam as reações emocionais *não sintonizadas* dos pais, como a raiva inadequada, os pressupostos emocionais incompatíveis ou a leitura emocional imprecisa (todas *ações* parentais). Mas é difícil encontrar pesquisas que abordem a *falta* de reação emocional dos pais, como não notar, não responder ou não conhecer a criança, o tipo de peça faltante de que trata este livro. Pode ser porque é difícil observar a ausência das coisas, e mais difícil ainda medi-la ou documentá-la. Compreensivelmente, os cientistas acharam os atos voluntários mais favoráveis à pesquisa do que os atos de omissão tão importantes na negligência emocional.

Devido à sólida base científica e ao conhecimento generalizado sobre o apego entre os profissionais do ramo, é surpreendente que esse conceito valioso seja tão pouco entendido e utilizado pela população em geral. Para nós, profissionais de saúde mental, é quase um fato dado que os problemas de personalidade de determinado indivíduo tenham raízes na infância. Seria difícil encontrar um psicólogo, psiquiatra ou assistente social que não tenha sentido a frustração de tentar levar um cliente a esse entendimento e enfrentar grande resistência.

No consultório, constatei que muitos, se não a maioria dos clientes, se sentem pouco à vontade com a ideia de que seus cuidadores primários tiveram um efeito tão grande sobre eles. Talvez o reconhecimento do poder incrível dos pais seja inerentemente ameaçador para todos nós. Se entendermos o verdadeiro impacto de nossos pais sobre nós, talvez nos sintamos sozinhos, sem poder ou até vitimizados. Se entendermos o verdadeiro impacto nosso sobre nossos filhos, podemos nos sentir apavorados. Assim, como sociedade, tendemos mais a nos culpar por nossos problemas e a subestimar o impacto que causamos em nossos filhos.

Uma de minhas metas neste livro é tornar a teoria do apego pessoal compreensível e fácil de digerir para uma parte maior da população. Acredito que muita gente seja impedida de se curar pela resistência natural à ideia de que sua infância ainda a afeta de forma significativa na idade adulta. Espero que os emocionalmente negligenciados se reconheçam nas histórias das muitas pessoas boas e amistosas apresentadas neste livro e vejam que também ficarão mais fortes, e não mais fracos, se entenderem o verdadeiro impacto que os pais têm sobre a personalidade dos filhos.

INTELIGÊNCIA EMOCIONAL

O dr. Daniel Goleman, no livro *Inteligência emocional*, de 1995, define que a inteligência emocional é formada por cinco habilidades: conhecer as próprias emoções, controlar as emoções, motivar-se, reconhecer as emoções dos outros e lidar com relacionamentos. Pode-se dizer que o indivíduo que deixa a desejar nessas habilidades tem baixa inteligência emocional. Como se pode ver, o conceito de baixa inteligência emocional pode, então, ser considerado igual ao da alexitimia definida neste livro.

É interessante considerar as diferenças entre o conceito de inteligência emocional e o de negligência emocional. Nos textos sobre inteligência emocional (principalmente nos livros escritos por Goleman), a atenção se concentra em como a baixa inteligência emocional se desenvolve. A interação mãe/bebê anteriormente descrita pela teoria do apego é explorada como fator direto no desenvolvimento da inteligência emocional. Além disso, o dr. Goleman identifica a empatia parental e a sintonia emocional como fatores que contribuem para a inteligência emocional, como faço neste livro com a negligência emocional. Portanto, há muita superposição na causa e no resultado (sintomas de baixa inteligência emocional e de negligência emocional). As duas são produzidas pela falta de empatia e sintonia parentais, e os dois resultados envolvem alexitimia.

Com o conceito de negligência emocional, estou interessada em mostrar a experiência íntima da pessoa emocionalmente negligenciada quando criança e o impacto psicológico que surge mais tarde no adulto. Abordo o fracasso parental do apego emocional e observo a etiologia do desenvolvimento pelo ponto de vista da psicologia clínica. Enquanto Goleman considera os efeitos do fracasso emocional parental pelo ponto de vista do *conhecimento emocional*, dou atenção à constelação resultante de *sintomas psicológicos*: vazio, pouca autoconsciência, falta de autocuidado, raiva e culpa autodirecionadas, e assim por diante.

As pessoas podem descobrir que têm baixa inteligência emocional em treinamentos no local de trabalho ou pela avaliação de um chefe e podem ter a oportunidade de aprender e desenvolver essa habilidade da mesma maneira. Mas acredito que haja no mundo um número vasto de pessoas que não fazem ideia do que lhes falta e por quê. Ironicamente, elas *precisariam ter consciência emocional para perceber que não têm consciência emocional*. É a essas pessoas que me dirijo neste livro.

Nos textos sobre inteligência emocional, Daniel Goleman e outros defendem enfaticamente que se leve em conta a importância das habilidades emocionais para o sucesso na vida. Minha meta é diferente. Procuro ajudar as pessoas que, sem saber, levam a vida sem essas habilidades a ver a constelação de dificuldades com que foram configuradas, a parar de se culpar e a se curar, a si e aos filhos.

IDENTIFICAÇÃO DA NEGLIGÊNCIA EMOCIONAL

Como já observado, pode ser difícil detectar a negligência emocional, principalmente porque, em geral, ela está enterrada sob depressão, ansiedade, dificuldades conjugais, problemas com os filhos, luto e outras condições que, além de claramente visíveis, também são o foco do cliente.

O **Questionário de Negligência Emocional** no início deste livro foi projetado para ajudá-lo a identificar os pacientes em que há esse fator. Sinta-se à vontade para copiá-lo e usá-lo no consultório. Reconheço e admito plenamente que, até o lançamento deste livro, não houve nenhum trabalho para investigar a validade psicométrica ou a confiabilidade do questionário. Mesmo assim, decidi incluí-lo no livro porque o considero útil para identificar a negligência emocional em meu consultório. Use-o com plena compreensão de suas limitações psicométricas. Constatei que um cliente com seis ou mais pontos é um bom candidato a algum nível de negligência emocional e merece mais exames.

No Capítulo 3, *A criança negligenciada já adulta*, são discutidos dez sinais e sintomas de negligência emocional. Alguns desses sinais têm menor probabilidade de serem relatados ou mesmo percebidos pelos próprios clientes. São sinais muito mais prováveis de serem percebidos pelo terapeuta. Aqui estão alguns marcos que merecem atenção no trabalho com os pacientes.

1. EXPRIMIR CULPA, DESCONFORTO OU RAIVA AUTODIRECIONADA POR TER SENTIMENTOS

Muitos clientes emocionalmente negligenciados pediram desculpas por terem chorado na minha frente durante as sessões. Não é raro que antecedam as declarações de emoção com desculpas como "Eu me sinto péssimo de dizer isso, mas não queria mesmo ir à reunião de família"; "Sei que é errado, mas estou com vontade de ir embora"; "Sei que significa que sou uma má pessoa, mas fico com muita raiva quando ela faz isso".

2. DEFENDER FEROZMENTE OS PAIS DAS INTERPRETAÇÕES DO TERAPEUTA

Os emocionalmente negligenciados querem desesperadamente proteger os pais de culpa. Como não se lembram do que os pais *não fizeram*, tendem a vê-los de forma um tanto ideal e são naturalmente levados a se culpar pelas dificuldades. Quando a terapia se aproxima de identificar as falhas dos pais, o cliente emocionalmente negligenciado é rápido ao explicar que os pais "fizeram o melhor que podiam" ou "não têm culpa". É sua maneira de preservar a crença arraigada de que *ele/ela* é o culpado/a pelo que sente de errado em si mesmo/a.

3. DUVIDAR DA SUBSTÂNCIA DAS LEMBRANÇAS DA INFÂNCIA

Em minha experiência, muitos pacientes emocionalmente negligenciados têm dificuldade de recordar coisas específicas da infância. Em geral, contam que a infância parece um borrão e que é difícil diferenciar eventos exatos. Além disso, os emocionalmente negligenciados costumam não confiar na própria leitura emocional das lembranças que têm da infância. Quando falam do mau humor da mãe, do vício do pai em trabalho etc., é comum pararem para questionar a realidade, a importância ou a validade da lembrança. "Acho que provavelmente estou exagerando. Não era tão ruim assim", me disse uma mulher enquanto as lágrimas corriam por seu rosto. "Não é um tédio para você escutar essas coisas?", me perguntou um homem enquanto me contava a falta de reação dos pais à morte de seu cachorro quando ele tinha 10 anos. Ou "Não sei por que estou lhe contando isso, provavelmente não tem importância", disse outro homem enquanto relatava que o padrasto a quem queria muito bem sumiu de sua vida depois de ter se divorciado da mãe.

4. FALTA DE COMPREENSÃO DE COMO FUNCIONAM AS EMOÇÕES, DELES E DOS OUTROS

Como já falado acima, os emocionalmente negligenciados tendem a apresentar um baixo quociente de inteligência emocional. Mas é dificílimo perceberem que seu entendimento emocional é ruim.

Eles cresceram em famílias que eram assim e passaram a vida toda dessa maneira. Portanto, é vital para os terapeutas identificar a alexitimia em pacientes com negligência emocional e citá-la para eles. Veja alguns sinais:

- Desconforto físico repetido (pode se evidenciar quando a pessoa se contorce ou remexe nas coisas) ao vivenciar uma emoção no consultório;
- Contar histórias com intensidade emocional de um modo completamente privado de emoção;
- Mudar rapidamente de assunto ou recorrer ao humor quando o terapeuta leva a conversa num sentido emocional;
- Mostrar incapacidade repetida de responder às perguntas relacionadas aos sentimentos. Isso pode acontecer com respostas evasivas ou intelectualizadas.

    Exemplo: Resposta intelectualizada

    P: "O que você sentiu quando ela o mandou sair?"

    R: "Achei que ela estava sendo idiota."

    Exemplo: Resposta evasiva

    P: "O que você sentiu quando ela o mandou sair?"

    R: "Não percebi que estava tão zangada até que ela falou."

5. CONTRADEPENDÊNCIA

Em minha experiência, os emocionalmente negligenciados, mais do que os outros clientes, se sentem aborrecidos por precisarem de minha ajuda. A contradependência se afirma na relação de tratamento, e constatei que isso, ao mesmo tempo, é bom e ruim. O lado ruim é que pode ser difícil manter o emocionalmente negligenciado em tratamento; o lado bom é que tenho conseguido usar minha relação com eles para questionar diretamente e ajudá-los a elaborar a vergonha e a contradependência.

O cliente emocionalmente negligenciado pode ver a necessidade de terapia como fraca, patética, vergonhosa, tola ou frívola. Fique atento a "Eu já não deveria ter superado isso até agora?", "Aposto que não há muita gente de 37 anos que ainda tenta aprender a dizer não" ou meu favorito: "Não gosto de sentir que *preciso* de você. Quero parar o tratamento por um tempo para saber se consigo continuar sozinho". Em minha experiência, às vezes é difícil convencê-los a continuar o tratamento, apesar de eu e até mesmo eles vermos que a terapia está ajudando. Na próxima seção, haverá sugestões de uso da contradependência no tratamento.

6. LEMBRANÇAS

Como em outros diagnósticos e doenças, identificar a negligência emocional a partir das lembranças dos clientes pode ser difícil. Isso é ainda mais verdadeiro porque, quando perguntamos sobre a infância, eles naturalmente tenderão a contar *eventos* daquele período. Como já sabemos, é difícil captar o que não aconteceu com base nas histórias do que aconteceu. Mas aqui estão algumas sugestões de indícios para prestar atenção nas lembranças:

- Lembranças do pai ou da mãe que interpretaram de forma drasticamente errada os sentimentos, as necessidades ou a personalidade da criança. Uma moça prestes a se formar em serviço social me falou da pressão dos pais sobre ela, no fundamental 2 e no ensino médio, para não fazer faculdade e assumir a empresa de entrega de tijolos do pai. Eu me vi perguntando se esses pais tinham alguma ideia de quem era a filha;

- Lembranças que envolvam ocasiões em que os pais negaram, ignoraram ou supersimplificaram as emoções da criança. Por exemplo, uma mãe negligente disse ao filho: "Sua irmã mais velha tem saudades do pai" pouco depois da morte súbita desse pai, sem dar atenção nenhuma aos sentimentos do filho;
- Lembranças de frases favoritas dos pais que sufocam a expressão emocional da criança, do tipo "Você não é mais um bebê", "Supere isso" ou "Pare de chorar". (Observe que, às vezes, muitos pais atentos usam essas frases; elas são usadas de forma extremamente inadequada ou com frequência para indicar que representam uma filosofia geral de negligência emocional.);
- Lembranças que transmitem sentimentos significativos de privação em alguma área não física importante para o paciente quando criança. "Eu era fascinado por violão, mas minha mãe insistiu que eu estudasse violino", por exemplo, ou "Eu queria *muito* ficar com minhas amigas no fundamental 2, mas meus pais eram muito severos";
- Lembranças que parecem sem importância mas têm muita emoção ligada a elas. No Capítulo 1, Kathleen contou a lembrança de estar brincando na areia da praia com o pai. Na superfície, parecia trivial, mas foi a falta de sintonia emocional dos pais que a tornou memorável. Fique atento a esse tipo de lembrança intensa mas aparentemente sem significado, porque em geral é recordado pelo paciente especificamente por estar carregado com a dor invisível da negligência emocional.

Com frequência crescente, vejo que, quando entram no tratamento, meus clientes já se diagnosticaram. Alguns são capazes de ver por conta própria que estão deprimidos ou com ansiedade. Mas é incomum um cliente identificar sozinho a negligência emocional. Minha esperança é que os terapeutas fiquem atentos à possibilidade de negligência emocional nos clientes e que as sugestões mencionadas ajudem a identificá-la.

TRATAMENTO

1. TRATE PRIMEIRO O PROBLEMA QUE SE APRESENTA

Na maioria dos casos, o terapeuta verá a negligência emocional antes do paciente. Como é difícil para muitos clientes verem sua própria negligência emocional, mesmo quando indicada pelo terapeuta, pode ser problemático torná-la o foco no início da terapia. Descobri que, como outras noções dolorosas, é mais fácil que o paciente aceite o conceito de negligência emocional depois de desenvolvida uma forte aliança terapêutica. Enquanto trata o problema apresentado, o terapeuta terá oportunidade de ressaltar os exemplos de negligência emocional que surgirem. Peça por peça, o caso vai se montando e, quando finalmente apresentado ao cliente, o conceito pleno de negligência emocional pode se tornar um modelo útil e significativo de autoentendimento.

2. COMBATA A CONTRADEPENDÊNCIA

Por causa da contradependência, a tendência geral dos clientes emocionalmente negligenciados é largar o tratamento assim que obtêm algum alívio do problema que se apresenta. Acredito que a melhor maneira de tratar a contradependência é se esforçar bastante para manter na terapia os pacientes emocionalmente negligenciados enquanto for benéfico e, ao mesmo tempo, indicar e questionar a contradependência a cada passo.

Às vezes, os terapeutas constatam que é preciso bastante energia para evitar que os clientes emocionalmente negligenciados encerrem o tratamento antes de estarem prontos. Mas, para esses pacientes, manter-se na terapia, além de lhes permitir *fazer* o trabalho terapêutico, *é* o trabalho terapêutico. Em essência, o paciente com negligência emocional será muito beneficiado pela dependência saudável do terapeuta que, quando criança, não foi capaz de *sentir* pelos pais.

Na terapia, toda vez que o paciente fizer uma das declarações de contradependência listadas anteriormente (na seção sobre Contradependência), é importante captá-la e abordá-la diretamente. Esse comentário pode ser feito de várias maneiras, em momentos diferentes do tratamento. Cada vez que é feito, ele oferece ao paciente a oportunidade de abordar um de seus problemas centrais (contradependência) de um ângulo diferente. Aqui estão perguntas que me ajudaram a acessar esse problema central:

- Você acha ruim precisar da ajuda de outra pessoa? Por quê?
- Em sua infância, onde você recebeu a mensagem de que não deveria precisar de ajuda?
- Como você se sente por precisar de mim, recorrer a mim, depender de mim?
- Houve em sua infância alguém em quem você se sentia à vontade para confiar?
- Você acha que todo mundo já resolveu todos os seus problemas?
- Você condenaria um amigo por fazer terapia?

- Acredita que há um limite de tempo para a terapia?
- Sabe o que é contradependência? (Então nomeie e defina a palavra.)
- Tem medo de que eu o desaponte? Abandone? Magoe?
- Teme que eu condene você por precisar de ajuda?
- Por que você se impõe padrões impossíveis de atingir?
- Você percebe que não se permite ser humano?

Esses são alguns exemplos, mas há infinitas maneiras de questionar a contradependência. É claro que o cliente tomará a decisão final. Mas a questão é que o terapeuta precisará aproveitar todas as oportunidades para abordar a contradependência de frente. Descobri que é mais útil pensar na dificuldade de os pacientes ficarem na terapia não como inconveniência, mas como oportunidade.

3. CRIE TOLERÂNCIA À EMOÇÃO

Todos os profissionais de saúde mental, cognitivo-comportamentais, psicodinâmicos, psicanalíticos, psiquiátricos, que cuidam do abuso de substâncias, da família, do casamento, de pacientes internados, de pacientes externos, em clínicas de tratamento intensivo, lidam com muita emoção em sua prática. Embora seja verdade que a maioria vem à terapia por razões que envolvem dificuldades de saúde emocional, o paciente emocionalmente negligenciado pode ser ainda mais desafiador na área específica de tolerância e conhecimento emocional. Como a linguagem da emoção é muito estranha e a experiência da emoção, tão desconfortável, esse aspecto do tratamento pode ser o mais difícil.

Sugiro um modelo de exposição gradual na hora de ajudar o cliente emocionalmente negligenciado a se sentir mais à vontade com os sentimentos. Em termos de estilo terapêutico, pense nisso como dessensibilização sistemática, em oposição à terapia implosiva. Usei o Exercício de Identificar e Dar Nome (Capítulo 6, seção 2) com alguns clientes emocionalmente negligenciados em meu consultório. Fazer esse exercício durante a sessão é útil em dois aspectos: avaliar a capacidade do paciente de conviver e relatar as emoções e criar tolerância a elas. Um cliente emocionalmente negligenciado, quando lhe pedi que se sentasse comigo, fechasse os olhos, se concentrasse dentro de si e se perguntasse o que sentia, na mesma hora arregalou os olhos e disse: "Fiquei totalmente dormente". Foi um momento eureca no tratamento, tanto para ele quanto para mim. Naquele momento, vimos nosso ponto de partida, e continuamos a usar o exercício durante todo o tratamento com a meta inicial de não ficar dormente.

É importantíssimo para o terapeuta indicar a emoção ao vê-la ou ouvi-la numa sessão. Muitos terapeutas agem assim com regularidade, e, com o cliente emocionalmente negligenciado, isso é importantíssimo. Fale a linguagem da emoção na terapia. Pergunte ao cliente o que acha que os outros sentiam. Pergunte-lhe o que ele mesmo sentia. Pergunte-lhe o que *está* sentindo, aqui e agora. (As três perguntas anteriores estão colocadas na ordem da menos para a mais difícil para o paciente emocionalmente negligenciado.)

Constatei que é utilíssimo perguntar a esses pacientes o que sentiram quando determinados eventos aconteceram na infância. Por exemplo, lembre-se de Kathleen, no Capítulo 1, com a lembrança da brincadeira na areia, que foi capaz de identificar as razões da raiva adulta pela mãe quando lhe foi pedido na terapia que descrevesse sua reação emocional a uma afirmativa aparentemente inócua que a mãe fez na infância. Ou de Simon, do Capítulo 3, que se irritou com minhas perguntas baseadas em emoções na terapia, mas que, finalmente, se curou com essas mesmas perguntas. Reflita os sentimentos de volta para o paciente quando ele não tiver consciência. "O que diz não é muito grave, mas você parece realmente triste com isso" ou "Você diz que não se incomodou, mas consigo ouvir a raiva em sua voz". Além disso, é importantíssimo que o terapeuta se permita sentir enquanto está com o cliente e ser autêntico em suas próprias reações emocionais (mantendo a fronteira terapêutica, é claro).

4. OFEREÇA ESPELHAMENTO

Esse aspecto do tratamento une várias facetas já discutidas da negligência emocional, e todas elas envolvem o autoconhecimento crescente. É uma questão ou processo diferente da identidade. Verifiquei que é comum os pacientes emocionalmente negligenciados terem uma identidade bem desenvolvida; o problema é que não a conhecem bem.

Como já discutido, em geral os adultos emocionalmente negligenciados cresceram sem um feedback preciso dos cuidadores primários a respeito de quem são. Isso os deixa com autoconhecimento distorcido ou muito pequeno. Como adultos em tratamento, têm dificuldade de definir o que querem, o que podem ou não fazer e quem realmente são.

Nesse aspecto, pode ser útil falar diretamente com o cliente emocionalmente negligenciado sobre o espelho parental. Como é difícil para o cliente ver o que *não foi* refletido, o conceito do espelho parental pode lhe dar uma noção clara e visual do que não lhe aconteceu. Quando o cliente entende o que não obteve, o terapeuta pode ajudá-lo a completar seu próprio quadro tornando-se um espelho para ele.

Isso significa observar com atenção, por exemplo, tudo sobre suas preferências, estética, pontos fortes, pontos fracos e estilos cognitivo, de relacionamento e de aprendizagem. Em seguida, apresente-lhe tudo isso de volta sempre que possível, de maneira que o paciente consiga absorver. Ele pode se ver refletido nos olhos do terapeuta ou aprender sobre si por meio das observações verbais. Seja como for, aos poucos o paciente se tornará mais familiarizado com quem é.

Ao lado disso, é importante assegurar, *no todo, no quadro maior,* que o cliente saiba que tem qualidade. É preciso que receba do terapeuta a mensagem de que não há problema em ter defeitos e pontos fracos e em não gostar de determinadas coisas e pessoas. Ainda há outros pontos fortes e outras coisas e pessoas de que gosta. Essa é a noção equilibrada de autoestima e visão de si mesmo que sustentará a pessoa nos desafios, nas decepções e até nos fracassos.

5. OFEREÇA A VOZ PARENTAL SAUDÁVEL E EQUILIBRADA

Uma das coisas mais fundamentais que faltam no mundo interno do adulto emocionalmente negligenciado é a voz íntima integrada e equilibrada que todos deveríamos ter, que fala conosco em momentos difíceis, nos ajuda a entender e aprender com os erros e, de certa maneira, serve de tábua de ressonância pessoal. Levar a vida sem essa âncora emocional pode deixar os emocionalmente negligenciados sem amarras e vulneráveis aos desafios da vida. Muitos clientes emocionalmente negligenciados me exprimiram a sensação de que não controlam a própria vida, que vão aonde a maré os leva e apenas tentam aproveitar ao máximo o lugar onde foram parar. Lembra-se de Josh, do Capítulo 3, que tinha grande dificuldade de escolher e se dedicar a uma carreira e parou de dar aulas assim que recebeu críticas? Ou de Noelle, também do Capítulo 3, que ficou paralisada pela própria voz interna severa? Josh e Noelle não tiveram pais que os refletissem, que conversassem com eles no caso de erros, nem que lhes dessem uma voz equilibrada e baseada na realidade que eles pudessem internalizar. Como adultos, cada um deles teve dificuldade de se manter resiliente perante os desafios da vida.

Uma parte importante do tratamento dos emocionalmente negligenciados, portanto, é lhes oferecer essa voz equilibrada. O terapeuta deve conduzir o cliente por um exame da experiência negativa, seja uma crítica, um fracasso ou um erro. Ajude-o a considerar as razões da ocorrência do evento e o que fazer para resolver, mantendo, ao mesmo tempo, uma postura integrada e compassiva. Toda vez que isso acontecer, o cliente terá a oportunidade de aprender a pensar nesse tipo de situação por conta própria, de forma equilibrada, ponderada e compassiva. Isso o ajudará a reduzir a probabilidade de cometer o mesmo erro ou de ceder diante de um desafio futuro.

6. RESISTA À ÂNSIA DE AGRADAR O PACIENTE

Por que sugiro que o terapeuta pode ter essa ânsia? A resposta não tem nada a ver com o terapeuta e tudo a ver com o paciente emocionalmente negligenciado. Como já falamos, os emocionalmente negligenciados tendem a ir e vir entre o autocastigo extremo e a total indulgência. Como terapeutas, nossa meta é neutralizar essas duas vozes internas, oferecendo uma terceira voz alternativa, uma voz que cobra a responsabilidade do cliente de maneira equilibrada e carinhosa, uma voz que fala a verdade com compaixão.

O paciente emocionalmente negligenciado, como evidenciado pelo processo de vaivém acima, além da voz interna implacável, também é hábil na autoindulgência. Ele terá a tendência inconsciente de forçar o terapeuta a não lhe cobrar responsabilidade. O paciente, em sua cabeça, tem duas opções: é absolvido ou castigado. É compreensível que escolha repetidamente a absolvição de qualquer mau passo. Além disso, como é provável que o cliente emocionalmente negligenciado seja bem agradável, o terapeuta pode achar difícil lhe cobrar essa responsabilidade. Mas, se notar que o paciente não se esforça ao máximo, por exemplo, o terapeuta pode dizer: "Acredito que você possa fazer mais". Quando vê o paciente fazendo más escolhas, o terapeuta deve lhe dizer a verdade e ajudá-lo a refletir. Quando o vê sendo mole demais consigo mesmo, o terapeuta deve lhe dizer isso de forma carinhosa, para neutralizar os dois lados extremos da voz interna e criar a terceira voz compassiva, firme e questionadora.

7. QUESTIONE O AUTOCASTIGO

Esse aspecto natural de quase toda terapia se torna importantíssimo com os emocionalmente negligenciados. O terapeuta deve se manter vigilante a cada palavra, cada insinuação, cada expressão facial e cada tom de voz sutil que assinale que o paciente esteja se punindo em palavras ou pensamentos. Quando isso ocorre na presença do terapeuta, há a oportunidade de levar o paciente a tomar consciência da voz autodestrutiva e do dano que ela causa. Depois de criar consciência no cliente, será mais eficaz que o terapeuta modele as palavras, o equilíbrio e a força a serem encontrados na autocompaixão. A meta é que o paciente internalize essa voz, para que, com o tempo, ela se torne sua.

RESUMO PARA O TERAPEUTA

- Fique atento aos sinais sutis;
- Se desconfiar de negligência emocional, use a ferramenta de diagnóstico;
- Ressalte com cuidado os sinais de negligência emocional enquanto trata o problema apresentado;
- Sirva de espelho para criar autoconhecimento;
- Seja a voz do equilíbrio, da compaixão e do questionamento;
- Não agrade o cliente e questione continuamente a culpa e a raiva voltadas para ele próprio;
- Combata a contradependência;
- Receba bem, converse e crie tolerância às emoções;
- Ofereça o relacionamento vigilante, carinhoso e baseado na realidade que o cliente não teve com os pais;
- Ajude-o a criar autocuidado e autocompaixão.

CONCLUSÃO

Espero que meu conceito de negligência emocional reverbere na experiência de outros clínicos e provoque a curiosidade dos pesquisadores. Há vários pressupostos testáveis por trás desse modelo:

- Com que frequência os sintomas de negligência emocional identificados ocorrem juntos?
- Essa frequência é alta o suficiente para indicar que esses sintomas estão ligados entre si por meio de uma síndrome subjacente?

- Qual é a correlação entre o resultado do **Questionário de Negligência Emocional** e a percepção independente dos terapeutas da negligência emocional a respeito dos clientes?
- O **Questionário de Negligência Emocional** tem confiabilidade e validade entre avaliadores?
- A confiabilidade e a validade do **Questionário de Negligência Emocional** podem ser melhoradas com o acréscimo ou a remoção de determinadas perguntas?
- O tratamento avança melhor quando o conceito de negligência emocional é adequadamente usado pelo terapeuta?

Essas são apenas algumas perguntas que, acredito, merecem exame científico. Estou interessadíssima em respondê-las e espero que outros também se motivem.

Minha maior esperança com este livro é apresentar o conceito de negligência emocional, tirá-lo das sombras e levá-lo para a luz. E o mais importante: que traga clareza, autoconsciência, alívio e força a muitas pessoas merecedoras que ainda não perceberam o que nunca receberam na infância.

RECURSOS PARA A RECUPERAÇÃO

Saiba mais sobre negligência emocional e recuperação:
www.drjonicewebb.com

Livro sobre assertividade:
ALBERTI, Robert E.; EMMONS, Michael L. *Como se tornar mais confiante e assertivo*: aprenda a defender suas ideias com tranquilidade e segurança. Rio de Janeiro: Sextante, 2008.

Livro sobre melhora dos relacionamentos:
REAL, Terrence. *The New Rules of Marriage*: what you need to know to make love work. Nova York: Ballantine Books, 2008.

Lista de nomes de sentimentos:

TRISTE	Para baixo	Chateado
Choroso	Pessimista	Desencorajado
Tristonho	Infeliz	De coração pesado
Dolorido	Pesaroso	Desprezado
Desgostoso	Desolado	Lúgubre
Angustiado	Sombrio	Arrasado
Desesperado	Consternado	Deprimido

Saudoso

Desapontado

Negativo

Soturno

Perdido

Emburrado

Sobrecarregado

Desanimado

Desiludido

DEPRIMIDO

Horrível

Disfórico

Melancólico

Carrancudo

Sombrio

Rabugento

Inflexível

Cercado

Mórbido

Suicida

Amaldiçoado

Péssimo

Envergonhado

Diminuído

Autodestrutivo

Auto-humilhado

Culpado

Insatisfeito

Detestável

Esgotado

Repugnante

Desprezível

Abominável

Terrível

Desesperador

Amuado

Mau

Perdido

FERIDO

Aberração

Mutilado

Detestável

Arruinado

Desonrado

Traumatizado

Impuro

Estragado

Infectado

Prejudicado

Assediado

Debilitado

Nojento

Danificado

Abominável

Destruído

Anormal

Contaminado

Desprezível

DESCONFOR-TÁVEL

Esquisito

Desnorteado

Irrequieto

Perturbado

Adoecido

Desequilibrado

Azedo

Agitado

Peculiar

Repulsivo

Mal-humorado

Estapafúrdio

Inadequado

Confuso

Espantoso

Excêntrico

Podre

Descontente

RAIVOSO

Misantropo

Amuado

Irritado

Desdenhoso

Pavio curto

Rancoroso

Perturbado

Cáustico

Remoído

Efervescente

Furioso

Confrontador

Chateado

Indignado

Perigoso

Mortificado

Importunado

Insatisfeito

Briguento

Abusivo

Enraivecido

Ranzinza

Sedento de sangue

Hostil

Insultuoso

Enojado

Exasperado

Repugnado

Irado

Desolado

Frustrado

Revoltado

Assoberbado

Irritadiço

Horrorizado

Furioso

Ultrajado

Agastado

Encolerizado

Nauseado

Maldoso

Desconfiado

Machucado

Incomodado

Aborrecido

Odioso

Desagradável

Ofensivo

Amargo

Agressivo

Exacerbado

Consternado

Ressentido

Explosivo

Provocado

Azucrinado

Fulo

Zangado

Exaltado

Fervoroso

Enfurecido

ENTEDIADO

Banal

Apático

Subestimado

Melancólico

Chato

Sem desafios

Insípido

PREJUDICIAL

Malvado

Enraivecido

Rude

Retaliador

Ameaçador

Impiedoso

Desbocado

Desagradável

Perigoso

Vingativo

Ofensivo

Mal-intencionado

Maligno

Malévolo

Cruel

Manipulador

Sádico

Nocivo

Controlador

VULNERÁVEL

Exposto
Agredido
Encurralado
Pequeno
Suscetível
Descartável
Nu
Em carne viva
Delicado
Ultrapassado
Fraco
Obscuro
Mirrado
Invisível
Controlado
Enganado
Desprotegido
Sensível
Restringido
Indiferente
Superado
Perdido
Alquebrado
Rebaixado
Desamparado
Cativo

CONSTRAN-GIDO

Humilhado
Envergonhado
Desajeitado
Pouco à vontade
Mortificado
Esquisito
Pateta
Desgraçado
Espantoso
Tolo
Absurdo

CULPADO

Não merecedor
Responsável
Deplorável
Arrependido
Compungido
Com remorsos
Censurável
Enganoso
Errado
Faltoso
Falho

SOZINHO

Abandonado

Antissocial
Em minoria
Sem amor
Alienado
Negligenciado
Dissociado
Saudoso
Inacessível
Sem amigos
Necessitado
Desrespeitado
Distante
Menosprezado
Desolado
Evitado
Separado
Detestado
Desassistido
Alheado
Ignorado
Desprovido
Rejeitado
Isolado
Excluído
Repudiado

PERDIDO

Sem rumo
Sem planos

Disperso
À procura
Desamparado
Empacado

CONFUSO
Ambivalente
Desnorteado
Incerto
Em conflito
Indeciso
Hesitante
Apreensivo
Perdido
Inseguro
Inquieto
Sem entender
Tenso
Perplexo
Afobado
Confuso
Aturdido
Desconcertado
Iludido
Desorientado
Ansioso
Atrapalhado
Confundido
Atarantado

Distraído
Em dúvida

CHOCADO
Boquiaberto
Consternado
Indócil
Estarrecido
Ferido
Abalado
Atordoado
Sem palavras
Espantado
Balançado
Atônito
Sacudido
Pasmo
Aturdido
Estupefato
Irresoluto
Extasiado

NEGATIVO
Avesso
Hesitante
Contrário
Oposto
Irascível
Resistente

Desarmônico
Rebelde
Opositivo
Teimoso
Recalcitrante

CANSADO
Vencido
Consumido
Sem forças
Esvaziado
Pressionado
Estafado
Tenso
Débil
Em frangalhos
Ressecado
Apático
Desanimado
Sobrecarregado
Supliciado
Atazanado
Espezinhado
Exaurido
Exausto
Quebrado
Frito
Moído
Acabado

Desalentado

Gasto

Desgastado

Esgotado

COM MEDO

Amedrontado

Confinado

Encurralado

Gelado

Receoso

Ansioso

Hesitante

Acovardado

Trêmulo

Ameaçado

Desconfiado

Temeroso

Nervoso

Sobressaltado

Apavorado

Intimidado

Aterrorizado

Assustado

Estremecido

Inquieto

Sobrecarregado

Alarmado

Aflito

ANSIOSO

Impressionado

Tímido

Contraído

Constrangido

Neurótico

Desassossegado

Atribulado

Estressado

Prevenido

Atrapalhado

Arisco

Preocupado

Frenético

Desordenado

Obsessivo

Acanhado

Aflito

Vacilante

À flor da pele

Inseguro

Nervoso

Temeroso

Em pânico

Enervado

Cauteloso

Irrequieto

MAGOADO

Invalidado

Castigado

Invisível

Ridicularizado

Detonado

Injustiçado

Rebaixado

Esmurrado

Humilhado

Arrasado

Ressentido

Acusado

Prostrado

Não aceito

Brutalizado

Emboscado

Alvo de caçoada

Agoniado

De coração partido

Desrespeitado

Vitimizado

Insultado

Repudiado

Enganado

Desvalorizado

Esquecido

Intimidado

Negligenciado

Derrotado
Perseguido
Depreciado
Oprimido
Desprezado
Melancólico
Afligido
Lesado
Ofendido
Rejeitado
Atacado
Macambúzio
Torturado
Dolorido
Destituído
Atormentado
Ensanguentado
Esmagado
Seviciado
Defeituoso
Ignorado
Esnobado
Diminuído
Atraiçoado
Desalentado

VITIMIZADO
Agredido
Anulado

Maltratado
Feito de bode
  expiatório
Eviscerado
Praguejado
Logrado
Sufocado
Invadido
Apagado
Vítima de armação
Objetificado
Atropelado
Passado para trás
Denunciado
Fragilizado
Controlado
Denegrido
Engrupido
Iludido
Ultrajado
Esmagado
Ludibriado
Devorado
Tratado com desdém
Chifrado
Maldito
Degradado
Condenado
Envilecido

Enganado
Traído
Destituído
Crucificado

INADEQUADO
Medíocre
Inoportuno
Incompetente
Covarde
Inseguro
Manso
Insuficiente
Impotente
Indefeso
Inferior
Incapaz
Inútil
Inepto
Sem valor
Fraco
Patético
Desvalorizado
Rebaixado
Deficiente
Enfraquecido
De segunda classe

INDEFESO

Incapaz
Subjugado
Sufocado
Impotente
Paralisado
De mãos atadas
Encurralado
Bloqueado
Controlado
Incapacitado
Inútil
Vulnerável
Impedido
Imóvel
Ineficaz
Fútil
Forçado
Entrando em
  desespero
Afligido
Patético
Dominado
Trágico
Lastimável
Frustrado
Hesitante
Vazio
Inferior
Fatigado
Sozinho
Sobrecarregado

INDIFERENTE

Apático
Sem vida
Vazio
Insípido
Robótico
Morto
Desinteressado
Sem emoção
Abatido
Banal
Blasé
Arrogante
Frio
Entediado
Ausente
Neutro
Inexpressivo
Reservado
Desinteressado
Insensível
Displicente
Embotado
Irracional

FELIZ

Alegre
Com regozijo
Muito bem
Afortunado
Inebriado
Exuberante
Cheio de vida
Deliciado
Radiante
Muito alegre
Agradecido
Festivo
Extasiado
Satisfeito
Contente
Jovial
Cheio de luz
Venturoso
Espevitado
Jubiloso
Eufórico
Delirante
Flutuando
Importante
Com sorte
Ótimo
Faiscante

Saltitante

Bem-aventurado

ABERTO

Compreensivo

Pronto

Confiante

Confiável

Gentil

Disposto a aceitar

Receptivo

Satisfeito

Solidário

Aventuroso

Festeiro

Inesgotável

Exultante

Interessado

Livre

Deslumbrado

Tranquilo

Está dentro

VIVO

Brincalhão

Corajoso

Cheio de energia

Reluzente

Arrojado

Liberado

Otimista

Serelepe

Renascido

Provocante

Impulsivo

Livre

Travesso

Animado

Elétrico

Espirituoso

Cheio de emoção

Maravilhoso

Desperto

Pitoresco

Glorioso

BOM

Sereno

Relaxado

Merecedor

Calmo

Decente

Agradável

À vontade

Confortável

Satisfeito

Puro

Fabuloso

Estimulado

Surpreso

Extraordinário

Astuto

Esperto

Contente

Sossegado

Espirituoso

Assegurado

Seguro

Certo

AMOROSO

Tem consideração

Tem admiração

Apaixonado

Devotado

Atraído

Fofo

Terno

Sensível

Carinhoso

Afetuoso

Tem amor

Tem conexão

Caloroso

INTERESSADO

Entretido
Bisbilhoteiro
Intrometido
Preocupado
Impactado
Intrigado
Fascinado
Inquisitivo
Enlevado
Absorto
Curioso
Atento
Consciente
Imaginativo

FORTE

Resistente
Tenaz
Resoluto
Estável
Com autoridade
Perseverante
Revitalizado
Bravo
Inigualável
Dinâmico
Nervoso
Moral

Influente
Valente
Rebelde
Sem rodeios
Seguro
Ético
Certo
Livre
Claro
Gracioso
No controle
Confrontador
Confiável
Capaz
Consumado
Assertivo
Garantido
Maciço
Capacitado
Competente
Corajoso

POSITIVO

Entusiástico
Empolgado
Ávido
Com vontade
Sincero
Intencional

Ansioso
Determinado
Inspirado
Elogioso
Produtivo
Cheio de energia
Sincero
Esperançoso

ACEITÁVEL

Adequado
Decente
Bastante bom
Na média
Funcional
Legítimo

BEM CUIDADO

Admirado
Mimado
Apreciado
Bem acomodado
Estimado
Homenageado

AGRADECIDO

Apreciativo
Grato
Aprazível

Reconhecido
Devedor

ASTUTO
Inebriante
Inteligente
Vivaz
Acurado
Cerebral
Focado
Brilhante
Sabedor
Decisivo
Claro
Rápido
Bem-informado
Observador
Articulado
Imaginativo
Lógico
Maduro
Sagaz
Sábio
Qualificado
Ponderado
Sensato

CARINHOSO
Benevolente

Amoroso
Sintonizado
Conectado
Empático
Altruísta
Solidário
Amável
Dedicado
Apegado
Leal
Generoso
Afetuoso
Responsável
Caloroso
Acolhedor
Fofo
Comunicativo

RELAXADO
Calmo
Jovial
Sonolento
Liberado
Descontraído
Bem resolvido

ATRAENTE
Cativante
Bonito

Engraçado
Chique
Irresistível
Bonitão
Com boa aparência
Desejável
Atrativo
Popular
Adorável
Lindo
Gostoso
Deslumbrante
Interessante
Dândi
Sexy
Elegante
Bem-vestido
Bem coordenado
Estiloso
Cortês

RECURSOS PARA A RECUPERAÇÃO • **283**

AGRADECIMENTOS

Este livro jamais seria imaginado ou escrito sem a disposição dos clientes apresentados nas histórias de revelar sua dor e suas histórias na terapia. É com muito apreço e respeito que expresso meu agradecimento mais profundo por sua confiança, sinceridade e dedicação.

Também agradeço à revista *The New Yorker* por trabalhar comigo e permitir que eu usasse alguns excelentes cartuns para trazer humor e tempero a *Negligência emocional*.

Para escrever este livro, precisei recorrer ao imenso conhecimento e apoio da família, dos amigos e dos colegas. Gostaria de agradecer a algumas das muitas pessoas que me fizeram continuar e me ajudaram no decorrer do processo.

Primeiramente, quero expressar minha mais profunda gratidão a Denise Waldron, que se afastou horas incontáveis da redação de seu próprio livro para ler e revisar os originais. A atenção de Denise aos detalhes foi valiosíssima. Ela me espantou o tempo todo apontando erros e incoerências, grandes e pequenos, e me ajudou a corrigi-los.

Em segundo lugar, quero agradecer à assistente social Joanie Schaffner, à dra. Danielle DeTora e a Nicholas Brown, pelo feedback e pelas excelentes ideias para melhorar o original; a Michael Feinstein, por oferecer seus conhecimentos de negócios quando tive de tomar decisões difíceis e complicadas; e a meu agente, Michael

Ebeling, por acreditar em mim e em meu livro e me orientar no processo complicado de publicação.

Dr. Scott Creighton, Catherine Bergh, Patrice e Chuck Abernathy, David Hornstein e Nancy Fitzgerald Heckman me deram um incentivo especial quando precisei e me escutaram, se preocuparam, me aconselharam ou pediram favores aos outros para que este livro acontecesse.

Finalmente, quero expressar meu amor e apreço sinceros a meu marido, Seth Davis, e a meus dois filhos, Lydia e Isaac, por aguentar com boa vontade as longas horas de pesquisa e escrita e por nunca permitirem que eu duvidasse de mim mesma. Eu não conseguiria ter escrito este livro sem seu apoio e sua confiança inabalável a me sustentar.

REFERÊNCIAS

AINSWORTH, Mary Infant-Mother Attachment and Social Development: "socialization" as a product of reciprocal responsiveness to signals. *In*: RICHARDS, Martin P. M. *The Integration of a Child into a Social World*. Londres: Cambridge University Press, 1974. p. 99-135.

BAUMRIND, Diana. Effects of Authoritative Parental Control on Child Behavior. *Child Development*, v. 37, n. 4, p. 887-907, 1966.

BOWLBY, John. *Maternal Care and Mental Health*. Northvale, Nova Jersey: J. Aronson, 1995. [Edição brasileira: *Cuidados maternos e saúde mental*. São Paulo: Editora WMF Martins Fontes, 2020.]

GOLEMAN, Daniel. *Emotional Intelligence*. Nova York: Bantam, 2005. [Edição brasileira: *Inteligência emocional*. Rio de Janeiro: Objetiva, 1996.]

ISABELLA, Russell; BELSKY, Jay. Interactional Synchrony and the Origins of Infant-Mother Attachments: a replication study. *Child Development*, n. 62, p. 373-394, 1991.

JACQUES, Sharon. *Horizontal and Vertical Questioning*. Couples Treatment Seminar, 2002.

LINDEN, David J. *The Compass of Pleasure*: how our brains make fatty foods, orgasm, exercise, marijuana, generosity, vodka, learning, and gambling feel so good. Nova York: Viking, 2011. [Edição brasileira: *A origem do prazer*. Rio de Janeiro: Campus, 2011.]

McKAY, Matthew; FANNING, Patrick. *Self-Esteem*. Oakland, Califórnia: New Harbinger Publications, 1993. [Edição brasileira: *Autoestima*. São Paulo: Vida e Consciência, 2010.]

NATIONAL INSTITUTE OF HEALTH. National Institute of Mental Health. *Suicide in the U.S. Statistics and Prevention*. Bethesda, Maryland: National Institute of Mental Health, 2007.

PLEIS, John R.; WARD, Brian W.; LUCAS, Jacqueline W. Summary health statistics for U.S. adults: National Health Interview Survey, 2009. National Center for Health Statistics. *Vital Health Stat*, v. 10, n. 249, 2010.

STERN, Daniel N. *The Interpersonal World of the Infant*: a view from psychoanalysis and development psychology. Nova York: Basic, 2000.

STOUT, Martha. *The Sociopath Next Door*. Nova York: Broadway, 2006. [Edição brasileira: *Meu vizinho é um psicopata*. Rio de Janeiro: Sextante, 2010.]

TAYLOR, Jill Bolte. *My Stroke of Insight*: a brain scientist's personal journey. Nova York: Viking, 2008. [Edição brasileira: *O cientista que curou seu próprio cérebro*. Rio de Janeiro: Ediouro, 2008.]

THOREAU, Henry David. *Walden*. Boston: Ticknor and Fields, 1854. [Edição brasileira: *Walden, ou a vida nos bosques*. São Paulo: Edipro, 2017.]

WINNICOTT, Donald Woods. *The Child, the Family, and the Outside World*. Nova York: Perseus, 1992. [Edição brasileira: *A criança e o seu mundo*. São Paulo: LTC, 2022.]

Este livro foi impresso pela Vozes, em 2024,
para a HarperCollins Brasil. O papel do miolo é avena
$70g/m^2$ e o da capa é cartão supremo $250g/m^2$.